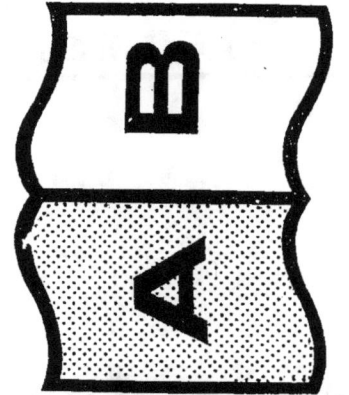

Contraste insuffisant des couvertures supérieure et inférieure

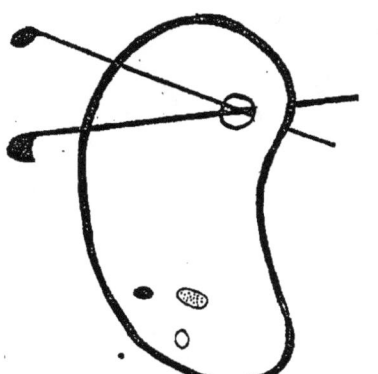

DEBUT D'UNE SERIE DE DOCUMENTS EN COULEUR

QUESTIONS PHILOSOPHIQUES

Albert LECLÈRE

La Morale de demain et la Science

BLOUD & Cie

S. et R. 685

BLOUD & Cie, Éditeurs, 7, Place Saint-Sulpice, Paris VIe

L'AVENIR DU CHRISTIANISME
Par Albert DUFOURCQ

*Professeur à la Faculté des Lettres de l'Université de Bordeaux
Lauréat de l'Académie Française
et de l'Académie des Inscriptions et Belles-Lettres.*

OUVRAGE COURONNÉ PAR L'ACADÉMIE DES SCIENCES MORALES ET POLITIQUES

Prix de chaque volume in-16, broché : 3 fr. 50

Première Partie

LE PASSÉ CHRÉTIEN

VOLUMES PARUS :

I. — ÉPOQUE ORIENTALE

Tome I. — *Histoire comparée de la religion païenne et de la religion juive jusqu'au temps d'Alexandre le Grand.*

II. — ÉPOQUE SYNCRÉTISTE

Histoire de la Fondation de l'Église

Tome II. — *La Révolution religieuse.*
Tome III. — *Le Christianisme primitif.*

III. — ÉPOQUE MÉDITERRANÉENNE

Histoire de l'Église, du IIIe au XIe siècle

Tome IV. — *Le Christianisme et l'Empire.*
Tome V. — *Le Christianisme et les Barbares.*

IV. — ÉPOQUE OCCIDENTALE

Histoire de l'Église, du XIe à la fin du XVIIIe siècle

Tome VI. — *Le Christianisme et l'organisation féodale (1049-1300.)*

POUR PARAITRE PROCHAINEMENT :

Tome VII. — *Le Christianisme et la désorganisation individualiste (1303-1527).*
Tome VIII. — *Le Christianisme et la réorganisation absolutiste (1527-1789).*

Deuxième Partie

LES TEMPS PRÉSENTS
LA VIE CHRÉTIENNE AUX VIEUX PAYS

(Europe occidentale)

I-II. — *Le Christianisme et la Révolution française (1789-1815).*
III-IV. — *Le Christianisme, Grégoire XVI et Lamennais (1815-1848).*
V. — *Le Christianisme et Pie IX (1848-1878).*
VI. — *Le Christianisme et Léon XIII (1878-1903).*

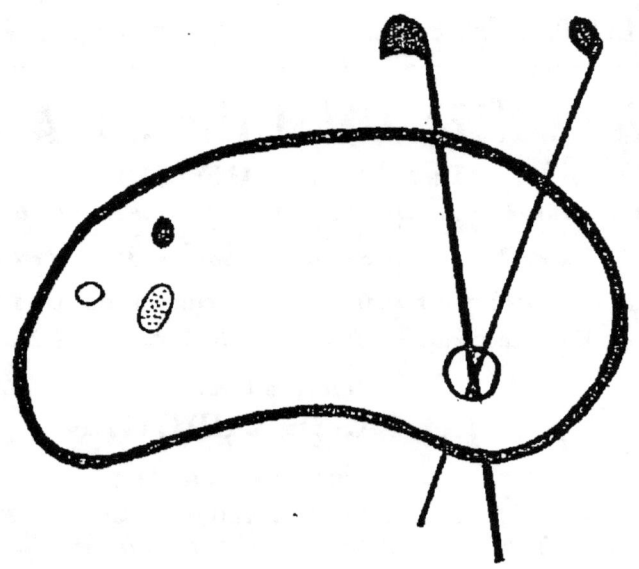

FIN D'UNE SERIE DE DOCUMENTS
EN COULEUR

QUESTIONS PHILOSOPHIQUES

LA MORALE DE DEMAIN ET LA SCIENCE

PAR

Albert LECLÈRE

DOCTEUR ÈS LETTRES
PROFESSEUR AGRÉGÉ A L'UNIVERSITÉ DE BERNE

avec une Préface

du Docteur DUBOIS

PROFESSEUR A L'UNIVERSITÉ DE BERNE

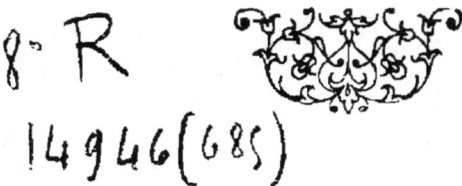

PARIS
LIBRAIRIE BLOUD & GAY
7, PLACE SAINT-SULPICE, 7
1 ET 3, RUE FÉROU. — 6, RUE DU CANIVET
1913
Tous droits réservés.

PRÉFACE

Quiconque veut étudier les fonctions d'un organisme doit avant tout connaître sa structure. Le psychologue qui s'enhardit à scruter les fonctions psychologiques du cerveau devrait être à la fois anatomiste, physiologiste et médecin. Il ne pourrait se borner à l'étude du système nerveux ; il faudrait qu'il connût l'anatomie et la physiologie de tous les organes qui sont en connexion avec le cerveau, subissent son influence ou réagissent sur lui. C'est donc au médecin savant et expérimenté que reviendrait la tâche d'élucider patiemment ces problèmes. Voilà la théorie.

Mais, en pratique, il s'en faut de beaucoup que la gent médicale puisse accaparer ce beau rôle. La plupart des médecins modernes ne s'intéressent nullement aux questions de psychologie et de philosophie ; ils sont médecins du corps et n'ont des yeux que pour les faits que révèlent l'éprouvette ou le microscope. Il coulera bien de l'eau sous les ponts avant que les médecins aient reconnu l'influence qu'exercent sur le fonctionnement de tous nos organes les « mouvements de l'âme », c'est-à-dire les processus qui dépendent des réactions de la couche corticale du cerveau.

De plus, bien qu'il soit matériel dans son essence, le processus psychologique tient à des modifications physico-chimiques si fines qu'elles échappent à l'analyse anatomique. Ce ne sont pas les grossières altérations que révèle le microscope qui troublent le fonctionnement psychologique. Le cerveau sentant et pensant peut continuer à vivre normalement alors même que de graves maladies ont envahi des organes importants, même quand le cerveau est directement atteint. Il en est de lui comme d'un chronomètre sur un cuirassé qui peut être détruit d'un coup avec le vaisseau qui le porte, mais peut aussi continuer à marcher alors que ce dernier n'est plus qu'une épave. Les plus fines recherches anatomiques ne nous disent encore rien sur le « phénomène de conscience » qui, loin d'être un épiphénomène, est au contraire le fait capital de la psychologie.

D'autre part, nombre de littérateurs, de moralistes, de philosophes, ont étudié ce qu'on appelle « l'âme » avec une perspicacité telle que nous ne pouvons, nous autres médecins, leur arracher la plume des mains. Les psychologues modernes se font, du reste, un devoir de s'initier aux sciences médicales, et l'auteur de ce livre me paraît avoir montré dans la poursuite de ce dessein une faculté d'assimilation remarquable. Aussi ne craindrais-je pas de souscrire à la plupart de ses affirmations.

Mais une préface doit être franche : *amicus Plato, sed magis amica veritas*. M. Leclère a analysé si copieusement l'influence qu'exercent sur la vie de l'esprit, sur le moral, les tares constitutionnelles résultant de l'hérédité et des troubles fonctionnels des organes splanchniques, qu'il en arrive à un déterminisme presque cruel. Sans doute, il ne néglige pas l'influence de l'éducation et tout son livre révèle un vaillant enthousiasme pour l'œuvre du relèvement moral, suivant l'adage : *Mens sana in corpore sano*. Il voit bien dans cette influence éducative une « déterminante » aussi puissante que celle des facteurs corporels. Mais, après avoir décrit d'une façon si saisissante ces divers « déterminismes », il s'échappe par la tangente et s'efforce de ménager une place, dans la marge, à la « Liberté » dont le spiritualisme dualiste a fait un dogme. Sa démonstration me paraît bien insuffisante ; elle rappelle la tentative d'Epicure inventant son « clinamen ». Je regrette, pour ma part, qu'il n'ait pas plus franchement admis le « déterminisme de toutes choses » ; l'homme n'agit pas, dans le sens propre du mot, il « réagit ».

Je crains que l'auteur ne contente personne ; les monistes lui reprocheront sa timidité ; les spiritualistes orthodoxes lui garderont une dent, malgré ses protestations de fidélité à la doctrine. Il a trop contribué à saper le piédestal de la statue de la « Liberté » pour être autorisé à lui adresser un culte fervent.

L'auteur montre vis-à-vis de la science une déférence sincère, une chaude sympathie ; il n'hésite pas à lui accorder le rôle prépondérant dans l'établissement d'une « morale pratique » fondée sur la connaissance de l'homme. Or la science recherche l'unité ; elle est moniste dans son essence. Elle part du principe de causalité et, par conséquent, elle est déterministe. Si elle doit contribuer à fonder la morale, elle ne le pourra que grâce à la « raison », terme abstrait qui marque la logique inhérente au fonctionnement normal de la couche corticale du cerveau.

Nous en revenons ainsi à l'intellectualisme grec qui faisait de la vertu un « savoir », savoir difficile, nous ne le savons que trop, mais « savoir » qui ne s'obtient que par l'analyse patiente des faits et l'induction logique que détermine leur connaissance.

La lecture du beau travail de M. Leclère ne convaincra pas les orthodoxes des deux camps, mais elle fournit, à ceux qui cherchent, des faits certains, bien exposés, Puisse-t-elle libérer les esprits des dogmatismes et faire comprendre que nous n'avons que deux moyens pour arriver à la vérité : l'expérience sensible et l'induction logique (1).

Professeur Dr Dubois.

Berne, juillet 1912.

---

(1) Le lecteur aurait tort de se scandaliser de certaines divergences de l'auteur de la Préface de ce livre et de l'auteur du livre. L'un et l'autre aboutissent aux mêmes conclusions pratiques ; ils sont d'accord aussi sur nombre de points théoriques ; pour les questions d'ordre purement spéculatif où ils diffèrent d'opinion, elles sont sans doute d'importance, mais tous deux pensent également qu'elles sont si ardues qu'il est bien permis de les résoudre de façon assez diverse dans l'état actuel du savoir humain. D'ailleurs, les indications si nettes fournies par l'auteur de la Préface sur les réserves qu'il croit devoir faire et les arguments développés par l'auteur du livre au cours de son travail pourront permettre au lecteur de conclure lui-même en toute connaissance de cause. *(Note de l'auteur.)*

LA MORALE DE DEMAIN ET LA SCIENCE

Même en dehors de ces sciences privilégiées qu'on appelle les « Sciences exactes », il est possible que l'homme atteigne des vérités absolues, encore qu'il ne lui soit pas toujours facile de distinguer avec certitude celles de ses idées qui correspondent rigoureusement à des réalités. Dans la règle, peu de vérités tout à fait pures et parfaites. Mais, en revanche, il n'est guère d'erreurs totales. S'il en existe de telles ou de presque telles chez des individus isolés, aucun courant d'opinion ayant pu gagner à lui des intelligences supérieures n'est condamnable sans réserves : seule la vérité masquée, altérée par les erreurs que l'on croit devoir réprouver dans une doctrine qui a réussi à devenir l'âme d'un parti, d'une secte, d'une école, peut expliquer le succès de ces erreurs ; et tôt ou tard le vrai se dégage du faux. C'est ainsi, selon nous, qu'il faut juger du grand mouvement philosophique qui s'est dessiné en faveur d'une *Morale exclusivement scientifique* et qui excita, qui excite encore tant d'indignations souvent justifiées, soutenues de solides réfutations. De ce mouvement, nous ne ferons point l'histoire, qui se confond avec celle du Positivisme et du Matérialisme du dernier siècle ; le Pragmatisme fut en partie une réaction défensive du Spiritualisme et de l'Idéalisme contre les ferments de désagrégation morale issus de ces systèmes (1). Notre présent dessein est seulement de signaler les précieuses vérités pressenties par les partisans de la Morale scientifique et cachées sous leurs paradoxes. Très compatibles avec la conception clas-

---

(1) Voir notre *Pragmatisme, Modernisme, Protestantisme* ; Paris, Bloud, 2ᵉ édit., 1912.

sique de la Morale, ces vérités se réduisent à deux, mais de quelle importance ! Premièrement, *la Science, et la Science seule, peut porter remède à la lamentable résistance qu'offre la majorité des hommes aux efforts accomplis en vue de leur éducation morale.* Secondement, *la Science, et la Science seule, peut substituer, aux recettes à peu près empiriques de la vieille Morale pratique, des règles d'action enfin susceptibles de rendre réellement et grandement efficace dans le monde la bonne volonté de ceux sur qui l'éducation morale a prise.*

Si nous arrivons à démontrer ces deux propositions, qu'on n'aurait jamais eu l'idée de formuler dans le clan des moralistes si des savants et des philosophes munis de science n'avaient, assez maladroitement il est vrai, secoué la paresse dogmatique des premiers, nous pourrons aisément pardonner au *Scientisme moral* les errements de son âge héroïque. Est-il, au reste, étonnant que des penseurs aient sérieusement songé, songé en conscience, à asseoir la Morale sur autre chose que sur de la Métaphysique, ou même à imaginer quelque chose de très différent de la Morale pour la remplacer, si l'on réfléchit à ces trois faits, tels qu'il n'en est point, hélas ! de plus notoires dans notre état social ? Le premier de ces faits, c'est *l'incurabilité à peu près complète des adultes qui sont moralement insuffisants.* Le second, c'est *la très faible puissance de l'enseignement moral et de la prédication morale sur la plupart des enfants et des adolescents qui passent pour normaux,* — plus ou moins à tort bien souvent, d'ailleurs, un si grand nombre d'entre eux étant affectés, sinon de quelque tare, du moins de quelque faiblesse psychique congénitale ou très tôt acquise. — Le troisième fait, c'est *le peu de rendement effectif de l'accomplissement, même le plus généreux, des préceptes moraux tels qu'ils sont communément formulés.* Inaptitude désespérante des sociétés à s'amender en grand par la voie lente de l'évolution législative, par la voie rapide des révolutions, et même, c'est là le plus grand scandale, sous l'action presque constamment intense pourtant de l'enseignement moral exprès, de l'exhortation morale la plus directe, la plus individualisée ; faillite finale des plus belles tentatives de réforme pédagogique ; disproportion régulière du bien voulu, si grand souvent, et du bien accompli, si mince d'ordinaire : n'y a-t-il pas là de quoi faire douter de la valeur intrinsèque elle-même de toutes les Morales de type connu, de leur exactitude théorique comme de leur pouvoir pratique ? Car enfin il n'est pas possible, semble-t-il, que la connaissance du vrai bien soit à tel point impuissante !

Cependant, la vieille Morale traditionnelle (1), prise en soi, n'est en rien responsable de l'inhabileté dont les hommes font preuve en l'art de faire vouloir son règne et en celui de la pratiquer. Il est aisé de montrer qu'elle est la seule Morale possible, que la Science n'a pas qualité pour la doter de cette base enfin solide dont certains prétendent qu'elle manqua jusqu'ici, et surtout que cette même Science est par nature incapable de substituer, à ce qu'on a toujours appelé la Morale, quelque chose qui la remplacerait avec avantage. Avant de dire avec quelque détail ce que peut la Science en l'espèce, il importe de bien marquer les limites au delà desquelles elle cesse d'être compétente.

．·．

Et d'abord, en supposant même que les idées métaphysiques de liberté, d'immortalité et de Dieu soient destinées à jouer en morale un rôle de plus en plus effacé ou facultatif, les idées de bien, de devoir et de droit, qui sous-tendent immédiatement l'Ethique commune, paraissent tout à fait inéliminables. Pas plus que les premières, ces dernières n'ont dans toutes les langues des noms qui correspondent avec exactitude aux vocables par où nous les désignons, mais il n'importe. Le sauvage qui assomme son vieux père pour lui

(1) Voir notre *Morale rationnelle dans ses relations avec la Philosophie générale ;* Alcan, Paris, et Payot, Lausanne.

épargner les inconvénients de la vieillesse possède à sa manière le sentiment du bien, quoiqu'un tel usage ait sans doute pour première origine le besoin de supprimer les bouches inutiles ; celui qui paraît le plus dépourvu de l'idée de justice, le plus exclusivement actionné par l'instinct de la vengeance, a le sentiment du droit, ne fût-ce qu'en ce qui le concerne lui-même ; et il n'est pas de rite étrange, si déraisonnable soit-il, qui ne relève d'une intention désintéressée, celle de s'acquitter d'un devoir, sinon envers une divinité honorée pour elle-même, du moins envers la collectivité attachée à ce rite et qui se croit protégée par l'observation régulière, minutieuse de ce rite. De nos jours, on a beaucoup renouvelé la nomenclature éthique ; on dit « valeur » au lieu de « bien », par exemple, un peu partout. Wundt préfère dire « fin » au lieu de « bien », « norme » au lieu de « devoir », « motivation conforme à la norme » au lieu de « vertu » ; ce sont là, vraisemblablement, des innovations d'une importance plutôt mince. Eucken n'aurait rien à changer dans sa théorie de la « Vie spirituelle » s'il avait conservé le vieux mot de « perfection » ; Ehrenfels n'a fait que mettre *up to date*, une fois de plus, le vieil Hédonisme, en rapprochant la Morale de l'Economie politique ; et que faisait donc Nietzsche « transvaluant la table des valeurs » admises par les sages du passé, sinon de moderniser le langage que Platon prête à l'éminent sophiste Gorgias dans un dialogue fameux ? En somme, le très petit nombre des concepts fondamentaux de la Morale n'a pas varié depuis que cette discipline s'est constituée ; le nombre des grands systèmes, en matière d'Ethique, a de son côté cessé de s'accroître depuis bien longtemps ; il y a plus, la substance de la *Morale théorique* des divers philosophes est loin de différer beaucoup de l'un à l'autre, tant ils sont tous désireux d'aboutir à une même pratique ; et ce qu'ils pensent de concert est très voisin de ce que croit le simple sens commun. Mêmes concepts et le plus souvent mêmes opinions à la base, dans le corps aussi et parfois au faîte des théories les plus divergentes ; vraiment les philosophes devraient enfin s'apercevoir qu'ils perdent leur temps à s'escrimer encore sur les fondements de la Morale : on a dit là-dessus les choses les plus justes, et aussi les plus ingénieusement fausses, voire les plus élégamment perverses qu'il était possible d'imaginer.

En est-il de même pour la *Morale pratique*? C'est un fait patent que l'extrême antiquité de notre division courante du chapitre des devoirs ; c'en est un autre, que plus un peuple se civilise, plus il tend à adopter nos listes d'obligations dont l'histoire, si du moins on l'envisage dans son ensemble, présente le spectacle d'une évolution assez cohérente, assez continue, dirigée dans un sens tel que nous pouvons nous dire plus éclairés à ce sujet que tous nos devanciers. Ici aussi il y a donc de l'immuable, mais cet immuable est une direction, un progrès, et de ce progrès la philosophie fut effectivement, bien que d'une manière inégalement visible suivant les époques et les circonstances, l'artisan unique ; les Religions la conseillèrent, parfois pour son plus grand bien, mais c'est la réflexion philosophique (dont les philosophes de profession, rappelons-le, n'ont pas le monopole) qui donna droit de cité dans la Morale à leurs suggestions, et comme elle paya leurs services en les aidant à constituer leurs Théologies ! Quant à la Science, les partisans de la Morale scientifique seraient les derniers à soutenir que le Code actuel de l'Ethique porte partout ou même porte au moins en quelque partie des traces appréciables de sa collaboration, des traces tant soit peu comparables avec celles des Religions. Faut-il croire en conséquence que la Philosophie sera féconde encore dans l'avenir en Morale pratique ? Oui certes, car, que la Science puisse ou non l'y aider, pourquoi la Philosophie deviendrait-elle incapable de donner désormais des fruits tout spontanés en un domaine où elle prouva toujours qu'elle n'était point stérile alors même qu'elle était réduite à enfanter, si l'on ose dire, par le procédé de la parthénogénèse ? Toutefois, la question qui se pose ici est moins simple qu'il n'y paraît d'abord, et il nous faut *distinguer profondément la région supérieure de la Morale pratique*, *celle où s'inscrivent les grands devoirs généraux, et la région inférieure, celle où se pressent les préceptes de détail.*

En ce qui concerne la première de ces régions, l'optimisme est permis au philosophe, il a des motifs d'espérer pouvoir faire encore par lui-même des découvertes. Il lui suffit, en effet, de considérer les plus récentes inventions de la Conscience humaine, qui s'accomplirent sans le secours de la Science, pour s'apercevoir qu'avec un peu plus de courage logique, sans plus, on aurait trouvé depuis longtemps ce que l'on mit si longtemps à trouver. Par exemple, l'idée de reconnaître aux femmes, à qui l'on attribue tant de devoirs, des droits sensiblement égaux à ceux où l'homme prétend, aurait dû s'imposer, semble-t-il, dès que l'on s'avisa pour la première fois de l'éminente dignité de la personne humaine, dont il éclate aux yeux que l'essentiel existe chez la femme aussi bien que chez l'homme. De même, l'idée que les conventions entre les patrons et les ouvriers doivent être assimilées, absolument, à des contrats entre égaux, aurait dû luire bien avant notre époque pour la même raison et bien plus vite encore, les différences dues simplement à la condition sociale des individus étant si superficielles et factices. Seuls des préjugés de diverses sortes ou encore une certaine timidité et une certaine paresse intellectuelles empêchèrent de s'effectuer le syllogisme qui eût explicité de tels points de vue ; la simple logique aurait pu suffire, et finalement elle a suffi pour tirer, de l'idée générale qu'on a depuis des siècles sur l'homme et sur ce que l'homme doit à l'homme, des conséquences de ce genre. *Il n'a manqué aux philosophes du passé, en Morale pratique générale, que de mieux philosopher qu'ils ne faisaient ;* trop absorbés par la vaine ambition de trouver du neuf dans le champ de l'Ethique spéculative, ou par la discussion de minuscules et enfantins problèmes de pratique, ils ont négligé de bien faire une partie de leur office légitime, de pousser leurs recherches dans le sens où le succès leur était pourtant assuré. Combien ils ont retardé le progrès de la connaissance morale en méditant trop peu les grands préceptes principiels de l'action morale !

Mais si la Philosophie, condamnée depuis longtemps en matière de Morale théorique à une stérilité qui n'a rien de regrettable, est encore capable par bonheur d'être très féconde dans la région supérieure de la Morale pratique, peut-elle augmenter ou perfectionner indéfiniment par ses propres ressources le contingent, énorme, mais à coup sûr insuffisant à plusieurs égards, *des préceptes de détail, des préceptes immédiatement utilisables ?* Sans hésiter, on doit répondre par la négative à cette question ; quiconque est informé et impartial dénoncera la fastidieuse monotonie des listes de devoirs inscrites sur les tableaux de la moralité dus au zèle didactique des âmes vertueuses. La plus abondante des littératures est peut-être celle des manuels de Morale pratique ; mais il n'en est pas où l'homme se soit plus répété, se déguisant à lui-même son impuissance philosophique précoce grâce à l'amoncellement des variations qu'il forgeait sur des thèmes identiques, tandis que le mal à combattre et le bien à faire se multipliaient, se compliquaient à l'infini. Il est donc souhaitable qu'au moins en ce domaine quelque autre discipline vienne au secours de la Philosophie, dont l'activité propre n'a plus devant elle, en Morale, que deux champs d'action, l'un étendu en longueur mais étroit, l'autre large mais court. Le premier, situé dans l'aire intermédiaire entre la pure théorie et la pure pratique, est celui des grands devoirs dont l'énumération ne sera peut-être jamais terminée ; le second, celui des préceptes de détail faciles à déduire les yeux clos de chaque grand devoir nouvellement découvert, est déjà très rempli, mais plutôt encombré que vraiment riche ; pourtant le philosophe y pourra du moins faire, pour les grandes obligations qui restent à formuler, à tirer des préceptes tout à fait principiels dont la totalité est connue, ce qu'il a fait pour celles qu'on a déjà trouvées.

Les choses étant telles, *le savant peut-il,* sans gaspiller de son côté des forces qu'il utiliserait ailleurs avec plus d'avantage, *intervenir en Éthique partout où le philosophe*, avec ou sans dommage pour celle-ci, *se trouve pris de court ?*

I. — Supposons premièrement que, *respectueux des concepts moraux traditionnels, il entreprenne de les vivifier en leur infusant cet esprit positif dont il se fait gloire d'être le représentant.* Bien vite, s'il a de la logique, il renoncera à son projet, car il ne réussira pas même dans la tâche préliminaire qui s'imposera à son zèle indiscret. Il lui sera en effet tout d'abord impossible, et de donner *un sens scientifique* aux vocables que lui fournit la Morale théorique, et de reconnaître *un sens proprement moral* aux faits qu'il essaiera de considérer en savant. Que sera pour lui le bien ? Un jugement de valeur, rien de plus que ce fait anthropologique. Que seront le devoir, le droit ? Des abstraits qu'il sera infailliblement conduit à expliquer par un mécanisme psychophysiologique, lequel lui apparaîtra en dernière analyse soit comme un instinct foncièrement mystérieux favorisé par la sélection naturelle, soit comme une ruse utilitaire de l'individu ou de l'espèce, soit comme un pur *ludus naturæ*. Il n'est pas outillé pour opposer le devoir et le droit au fait brut, ou, ce qui revient au même, pour apercevoir, dans le fait de la sécrétion psychique des idées de devoir et de droit, des faits *sui generis*, pour distinguer de l'approuvable, du désapprouvable en soi dans les choses où le moraliste, d'un angle spécial, discerne du légitime et de l'illégitime ; par état, il doit trouver aussi précieux et intéressant tout ce qui est ; il n'a aucune raison pour préférer les séries d'actes qui rendent l'humanité plus heureuse ou simplement plus saine à celles qui produisent des effets opposés ; il ne saurait parvenir à formuler le moindre commandement ni même le moindre conseil rendant un son moral ; le médecin et l'empoisonneur sont égaux devant lui. Bref, il est tout à la fois contraint *de laisser en dehors de son emprise de savant ce qui constitue l'originalité essentielle, l'âme même des choses de l'ordre éthique,* — car la Science n'a pas de cadre où loger la moralité ou l'immoralité prises en soi des êtres, des événements, des pensées, que l'on juge d'après une norme de nature tout idéale, — et *contraint de se rabattre sur la description et l'histoire des phénomènes dits moraux ou immoraux, de traiter d'eux comme s'ils ne l'étaient point*, de les faire rentrer finalement, sans y rien distinguer qui mérite une autre explication, sous les lois générales de l'évolution, lesquelles sont amorales. Autant vaudrait avoir pris délibérément, tout de suite, l'attitude naturaliste.

Le savant possède, c'est incontestable, le droit d'étudier la genèse et l'histoire de tout ce qui concerne l'Éthique, mais à condition de ne pas prétendre en même temps à rectifier ou à enrichir les concepts dont il dira les influences irradiées ou subies dans la sphère de la pure spéculation ou lors de leurs rencontres avec le réel, à condition de reconnaître que ni son habileté de savant ni le trésor des documents qu'il collectionnera ne feront avancer d'un pas la science de la Morale. Admet-il, comme nous l'avons en premier lieu supposé, que les concepts traditionnels qui sont la moelle de cette discipline ont un prix absolu, et entend-il, pour affirmer sans délai l'esprit positif qui l'anime, attribuer au phénomène moral le privilège de *poser en fait*, par son existence même, *sa valeur transcendante ?* Alors, ce n'est plus seulement en savant qu'il s'exprime, mais aussi en moraliste, *en moraliste de type pur, de type ancien ;* car ce ne peut être en lui le savant qui juge ainsi de la signification profonde de notre instinct moral. Et l'on ne voit pas non plus ce que sa connaissance de l'histoire des idées et des faits éthiques pourrait ajouter à ce que nous savons par la Philosophie, par la simple logique appliquée aux principes fondamentaux du Code de l'action bonne, sur l'ensemble des grands devoirs.

II. — Mais l'esprit scientifique, lorsqu'il tente d'envahir le territoire de la Philosophie, se fait volontiers aussi subtil que l'esprit dogmatique qu'il aspire à supplanter. Aussi ne manque-t-il pas de penseurs qui, conscients du caractère ambigu d'une Morale où la Science ne serait que la collaboratrice de la Philosophie, nourrissent un projet plus audacieux, à l'abri cette fois, croient-ils, de toute critique. Ils entreprendront de renouveler la Morale *en la reconstruisant depuis sa base sans demander aucun concours aux philosophes de profession ;* ils feront ainsi surgir, *non point un substitut,* — les dialecticiens dont nous parlons présentement ne vont pas encore aussi loin, — mais *une sorte de sosie* de l'insuffisante et peu féconde Ethique traditionnelle, un sosie préférable au produit désuet des Philosophies ; ils procéderont en purs savants, c'est-à-dire en purs évolutionnistes. D'après eux, l'humanité, partie d'un état primitif absolument amoral, serait arrivée petit à petit, sous la conduite de l'expérience et grâce au jeu des facultés mentales perfectionnées par celle-ci, à faire de la moralité à peu près comme elle en est venue à faire de l'art ; graduellement l'évolution humaine se serait compliquée de moralité comme de bien d'autres traits dont nulle trace ne se discerne cependant à son début ; de là, après un certain temps — le temps de passer du concret à l'abstrait, — des idées, des croyances morales dont les esprits et les cœurs auraient tort de se juger les sources tout à fait premières, bien qu'il ne soit pas d'aliment spirituel qui leur convienne mieux. Une fois parvenue à la notion exacte, c'est-à-dire positive de son origine, la Morale, désormais indiscernable de sa propre histoire et même de l'histoire en général, de l'histoire non seulement humaine mais préhumaine et, pour tout dire, cosmique, la Morale enfin vraie apparaîtrait comme devant revêtir un caractère scientifique exclusif où sa vérité même puiserait la plus excellente des garanties ; et sous cette forme elle devrait être aussi féconde qu'elle l'était peu jadis : qui dit Science ne dit-il pas connaissance nécessairement progressive ?

Vain espoir, car ici encore le savant échouera dans la tâche dont il devrait d'abord s'acquitter. Toutefois, on doit l'avouer, la première apparence peut lui être favorable. Il n'y a point en effet de différence spécifique entre l'évolution morale, soit dans ses mouvements de progression ou de régression, soit en ses périodes d'arrêt, et les autres formes d'évolution. D'un autre côté, si tous les progrès accomplis au sein de l'humanité, depuis ceux de l'ordre politico-social jusqu'à ceux des plus humbles techniques en passant par la littérature, l'art et la science, s'avèrent comme autant de victoires de la volonté d'idéal, de la volonté morale — les deux choses n'en font qu'une — sur la paresse, ou la sensualité, ou l'égoïsme, bref comme autant d'effets de quelque vertu, il demeure pourtant que les formules de l'action louable ont toujours été postérieures à la première exécution des actes méritant de passer en maximes. Enfin la pratique de ces actes et l'élaboration de ces formules eurent toujours, pour condition déterminante initiale, quelque complication nouvelle de la vie, quelque besoin nouveau sollicitant l'homme à s'ingénier pour réaliser une adaptation encore inédite de sa nature à son milieu. Il peut donc sembler que la Morale ne soit que l'expression abstraite d'une moralité qui ne serait elle-même qu'un aspect parmi les autres de l'évolution humaine au sein d'une évolution cosmique parfaitement homogène au fond.

Ce point de vue admis, l'interprétation des faits à expliquer se présente d'abord comme très aisée, comme devant être d'une simplicité merveilleuse. Mais ceux-là mêmes qui la poursuivent avec le plus de zèle éprouvent qu'il n'en est rien : la surabondance des hypothèses non invraisemblables suggérées par les parties les plus conjecturales de l'histoire, de la préhistoire, de l'archéologie, de la géographie humaine, de l'anthropologie en général, est plutôt propre à rendre perplexe le moraliste positiviste, qui précisément doit surtout chercher ses renseignements et ses inspirations dans ces parties desdites sciences. — Laissons là cependant cette difficulté et bornons-nous à critiquer les concessions que nous avons faites un peu plus haut. Qui donc prétendit jamais que si le fait moral est un fait original, il le doit prouver en évoluant à la manière d'un phénomène radicalement insoumis aux lois de la nature ? Il faudrait pour cela qu'il en fût hors, ce qu'il serait insensé et contradictoire de soutenir. La ressemblance, indéniable, de l'évolution morale et du reste de l'évolution ne doit scandaliser ni réjouir aucune école. Ensuite quelle preuve a-t-on que l'élément moral ne joua pas, dès le commencement, un rôle actif dans l'évolution générale de l'homme ? Si l'on a jusqu'à un certain point réussi à expliquer des manifestations et des variations de la diathèse éthique en faisant principalement appel à des facteurs n'ayant en soi rien de moral, a-t-on pu rendre compte ainsi de la diathèse même et vérifier la totale amoralité des germes qui lui donnèrent naissance ? Lorsque M. DURKHEIM, pour qui les phénomènes religieux sont des plus primitifs, déclare qu'ils sont imprégnés déjà d'un caractère moral et que le mécanisme de l'organisation éthique du monde humain n'a la signification qu'il possède et la puissance dont il fait preuve que par l'effet d'une force intérieure, celle de sentiments irréductibles à des poussées instinctives purement amorales, il s'exprime au mieux ; mais comment peut-il, ayant discerné l'originalité du moral, l'ayant exaltée jusqu'à faire du moral le synonyme du « *sacré* », se résoudre à présenter cette notion comme une sorte de production fatale de l'esprit humain devenu capable, en devenant « *social* », d'enfanter ce prodige ? M. Durkheim, qui se défend de préconiser une Morale scientifique, entend du moins *fonder la Morale scientifiquement ;* mais si le savant, chez lui, est très audacieux, le moraliste n'en est pas moins, ainsi qu'il le déclare de façon expresse, largement *conservateur* ; c'est pourquoi son hypothèse, quelle qu'en soit la témérité, est malgré tout la plus tentante de celles qu'élabora un scientisme moral attaché encore à l'Ethique classique. Mais aussi, quand on l'a lu, un seul parti reste à prendre si l'on n'est pas satisfait de sa doctrine : regarder la Morale, avec la tradition, comme une véritable fulguration de l'esprit. Au reste, ne nous y pousse-t-il pas lui-même lorsqu'il démontre si finement la faiblesse des théories empiristes ? Et il est difficile de ne pas préférer la thèse rationaliste, dogmatique de la « fulguration », à celle de l'éminent sociologue ; elle est, tout compte fait, moins surprenante, dirons-nous moins mystique ou même moins mythique ?

Ce n'est pas tout. A partir d'un certain moment, les idées morales jouent dans l'histoire de tous les peuples un rôle actif manifeste ; elles cessent de pouvoir paraître de simples effets, elles s'avèrent comme des causes. Or par quel hasard l'action a-t-elle donc travaillé dans leur sens et de façon à les éveiller ? Ne faut-il pas pour cela qu'elle ait été *antérieurement déjà pénétrée par elles*, par un obscur et pauvre mais réel et efficace pressentiment de ces idées mêmes que plus tard l'action, prenant conscience de soi, fera luire au grand jour ? Mais s'il en est ainsi, quelle erreur est celle du Scientisme moral ! Il explique la morale par l'évolution sans rien mettre à l'origine de la seconde qui ressemble à la première, et pourtant c'est au contraire la moralité, et plus ou moins la Morale même, qui rendent compte d'une partie notable de l'évolution ! Et d'où vient à l'esprit du positiviste l'idée — qu'il faut certes expliquer aussi — d'interpréter l'évolution des mœurs et des conceptions morales comme un mouvement progressif? qu'est-ce qui lui permet, en fait et en droit, d'approuver l'humanité d'avoir varié comme elle fit, qu'est-ce qui le contraint d'affirmer que notre conscience est plus éclairée que celle de nos devanciers ? La réponse est aisée : qu'on soit ou non partisan du Scientisme moral, *jamais l'on ne juge, au fond, de la moralité et de la Morale que par l'Ethique des dogmatiques, qui est celle de l'esprit humain même ;* seulement, il peut arriver qu'on ne remarque point de quel critère on se sert pour donner une cote morale aux actes et aux idées.

III. — Quelle que soit l'ingéniosité de l'attitude de M. Durkheim, il existe une forme de Positivisme plus subtile encore que la sienne et qui est la dernière qu'il reste à essayer. En effet, qu'on le quitte pour rejoindre ou non la tradition, le principal reproche qu'on lui fait est d'échouer à justifier scientifiquement la Morale ; or que conclura-t-on de là si l'on est un positiviste impénitent ? Que le tort initial de M. Durkheim est d'être encore un conservateur, qu'il faut décidément cesser de l'être, autrement dit qu'on doit demander à la Science *non un sosie, mais un substitut de la morale classique.* Il est clair que si l'on n'a pas perdu le sens moral, le substitut que l'on édifiera retiendra en fait tout l'essentiel des idées d'autrefois, mais ce sera bien tout de même un substitut, non un sosie, car on se résoudra franchement, soit à abandonner jusqu'au vocabulaire éthique habituel, soit à ne le conserver qu'en le décolorant de tout ce qui sent en lui tant soit peu le mysticisme et même la plus rudimentaire métaphysique.

Chose étrange, il se trouve que la dernière forme de Positivisme dont l'essai reste à faire est antérieure à celle de M. Durkheim, car GUYAU en est encore le meilleur représentant. Nul lecteur, croyons-nous, ne nous reprochera de ne pas considérer ici les variétés du Scientisme moral qui sont tout à fait sans rapport avec ce que la conscience humaine a toujours respecté ; pour Guyau, sa doctrine peut prêter aux plus graves critiques, mais nul n'est autorisé à douter qu'il ait été une conscience, et même l'une des plus hautes qui furent jamais. Rappelons en quelques mots ses idées essentielles, car si son nom est très connu, sa pensée est souvent travestie. D'après lui, la moralité, que la Morale ne fait qu'exprimer, c'est le plein épanouissement de la *vie*, dont la sphère est peut-être aussi étendue que celle de l'être ; la vie la plus réussie, c'est la plus « *intensive* » et la plus « *expansive* », — deux caractères qui s'impliquent l'un l'autre ; — elle s'identifie donc trait pour trait avec celle que, de temps immémorial, les sages ont approuvée. Scientifiquement, l'altruisme est l'aboutissant naturel, le seul aboutissant raisonnable d'un égoïsme vraiment conscient du vouloir profond qui l'anime ; l'égoïste éclairé sait que l'individu est déjà une colonie de vivants, que le « moi » est un « nous » ; il sait surtout que le bonheur personnel ne s'accroît que dans la mesure où les joies se partagent, et ceci ne suffit-il pas pour vivre bien ? L'unique différence entre la Morale qui sort spontanément de la Science et celle qui s'obstine en un splendide isolement, c'est que la seconde se complique d'idées comme celles de devoir, de sanction et d'autres similaires dont la source n'est que notre fantaisie. Et Guyau instruit le procès de toutes ces idées, en oubliant un peu trop, d'ailleurs, que leurs partisans les plus enthousiastes avaient noté déjà les difficultés qu'elles soulèvent et tâché de les surmonter par des arguments qui ne sont peut-être pas toujours aussi artificiels que ceux qu'il tire d'une Science assez aventureuse, d'une Métaphysique très romanesque sous les dehors positifs dont il la voile, de son optimisme personnel, enfin, qui n'est que touchant. Ne pouvant nous attarder au détail de sa dialectique, contentons-nous de regarder comment il achève son système ; rien ne sera pour nous plus significatif. Ses grands projets de destruction accomplis, que fait-il ? A demi repentant, il nous semble, d'avoir répondu à une question de droit — celle de la valeur de la vieille Morale qui lui tient plus au cœur qu'il ne pense — par la pure et simple intégration du fait moral dans le tissu uniforme des faits sans épithète, il confesse qu'il y a malgré tout de l'inexplicable dans le sacrifice si l'on s'en tient au point de vue naturaliste, et que le sacrifice obtient malaisément en sa Morale la place à laquelle il a droit ; il reconnaît aussi que la raison ne se résigne pas à la disparition absolue des idées transcendantes qu'il vient de rapporter au jeu de notre imagination. Alors il proclame, ou concède, qu'il faut résoudre par *l'action,* en s'y jetant tête baissée, les problèmes qu'il ne solutionne point ; qu'il se faut sacrifier quand même ; que de l'action naîtra, il faut l'espérer, la certitude ; *que nous ferons vraie, que nous inscrirons, que nous incorporerons dans le réel, en la pratiquant, l'Ethique dont nous ne sommes pas assez sûrs.* Il va plus loin : il cherche, dans les transformations que l'action humaine conforme à ses conseils héroïques pourra produire dans le monde, la justification possible, au moins pour l'avenir, des espérances métaphysiques qu'il a jugées les plus folles : il estime nécessaire *dès maintenant,* pour entraîner notre esprit à pratiquer l'Ethique qu'il prêche, pour mouvoir nos volontés chancelantes, la pensée qu'un jour enfin pourront être vrais, avec des variantes, mais cependant vrais quant à l'essentiel, nos rêves de liberté et d'immortalité, nos hypothèses sur le divin.

Ainsi donc le philosophe qui a tenté le plus loyal effort à l'extrême-gauche du Scientisme moral fut forcé de restaurer, pour soutenir sa Morale mal fondée par la Science, toute une Métaphysique imitée de la Métaphysique vulgaire et qui rétablit automatiquement, dans un sens voisin de leur sens traditionnel, les idées contre lesquelles il avait pris position. Nul parmi les positivistes n'eut plus que lui, l'un des plus radicaux pourtant, la nostalgie des conceptions reléguées par l'école dans le musée rétrospectif des superfétations poétiques de la Morale ; nul autre n'eut assez de logique pour se démentir aussi bien, pour livrer plus clairement à la critique la contradiction qui est au centre du système et qu'un peu plus de logique encore aurait rendue intolérable à Guyau.

En fait, la conscience morale pose son propre droit ; c'est bien là *un fait*, et donc, en le reconnaissant, en l'acceptant sans le diminuer en rien, on fait preuve d'esprit scientifique : d'où il suit que le Scientisme moral radical débute par une démarche antiscientifique. Mais où nous apercevons, nous, un point de tangence entre la sphère de la spéculation sur l'idéal et celle de la connaissance du réel, le Scientisme moral, qui conçoit ces sphères comme sécantes dans l'école de M. Durkheim, et qui fait coïncider la première avec la seconde dans l'école de Guyau, ne saurait rien voir de particulier, et c'est grâce à cela qu'il peut vivre, car il suffit de se rendre compte du fait sur lequel nous venons de mettre l'accent pour se désintéresser en bloc de toutes les formes possibles de cette philosophie. En effet, rien qu'en s'affirmant, la conscience introduit dans le trésor de nos idées la matière d'un savoir *à part,* dont les éléments sont *originaux* et *inconditionnés.* Et la Science, de son côté, n'est-elle pas indifférente à toute volonté bonne ou mauvaise, incapable de promulguer un précepte ou un simili-précepte quelconque dans le moment même où elle se prête le mieux — elle a toutes les complaisances — à décrire les moyens de réaliser les fins désirables devant la conscience ? Sa donnée unique, ce sont *des faits*, et c'est *le passé* : comment pourrait-elle soit élaborer *un équivalent de l'idéal traditionnel*, qui est proprement *l'expression même de la révolte de la conscience contre le réel*, soit accroître la liste des grands devoirs jusqu'ici connus ? Même avec M. Durkheim, qui se borne à vouloir *rejoindre* l'antique Morale, la Science n'ajoute rien à l'Éthique théorique, qu'elle mutile plutôt ; avec Guyau, plus ambitieux, elle ne fait *que créer de celle-ci un équivalent* plus poétique que vraiment scientifique. Et si Guyau n'enrichit point, en tant de pages magnifiques, le tableau de nos obligations principielles, les précieuses vues de M. Durkheim sur les heureux effets d'un ample développement des sentimens de solidarité professionnelle se déduisent sans peine de bien des Morales à commencer par la plus classique, car ces vues ne sont qu'une application, à l'état économique actuel, du double devoir de la justice et de la charité sociales, lequel n'est pas d'invention récente (1).

Ne resterait-il donc pour la Science d'autre rôle à jouer par rapport à la Morale *que d'en perfectionner la partie immédiatement pratique,* cette partie dont on pourrait dire qu'elle énumère moins des devoirs que des moyens de s'acquitter des grandes obligations promulguées par la conscience ? Ce rôle est bien le seul en effet qui revienne ici à la Science si l'on fait rentrer dans la Morale pratique, ce qui est tout indiqué, l'art de rendre l'homme plus désireux de vivre comme il le doit. Comme les vœux du moraliste seraient comblés si la Science pouvait tout d'abord subvenir à l'institution d'un tel art ! Quoi qu'il en soit, est-il possible en quelque mesure à la Philosophie même de trouver des procédés

---

(1) Guyau, qui repousse l'idée de devoir, vise cependant à fonder une Morale non moins obligatoire que la traditionnelle, et rien n'est si religieux que son irréligion ou celle de M. Durkheim. Le premier ne veut pas du devoir parce que le devoir impliquerait Dieu, qu'il rejette ; le second, reconnaissant comme l'autre que le devoir exige un fondement transcendant, mais admettant, lui, que l'idée de devoir est essentielle à la Morale, serait prêt à accepter le divin s'il ne croyait trouver dans la « Société » l'élément supérieur qui est requis pour donner un sens, une base logique au concept d'obligation.

nouveaux pour enseigner mieux la Morale éternelle, pour la faire aimer davantage, pour susciter un accroissement du zèle moralisateur ? Il est évident qu'elle ne le peut point : puisqu'elle s'altérerait si elle se transformait notablement, la Philosophie morale ne saurait devenir l'objet de discours beaucoup plus convaincants et plus touchants que ceux qu'on connaît ; et il apparaît au contraire, il apparaît aussitôt à tout esprit non prévenu que *seule l'Anthropologie, une Science positive, peut améliorer la tactique de l'éducation morale,* comme au reste l'Anthropologie seule peut perfectionner la tactique de toute autre sorte d'éducation, de celle des éducateurs aussi bien que de celle des professeurs de grec ou d'escrime ! Telle qu'elle existe en fait, la Philosophie morale contient la matière des discours les plus forts et les plus beaux ; rien ne lui manque objectivement pour être capable de mordre sur les âmes, pour les enthousiasmer même au point de faire naître en elles l'ardent désir de modeler d'autres âmes d'après ses exigences. Mais encore faut-il que l'exposé de la vérité éthique rencontre des mentalités susceptibles d'assimiler le divin aliment, de commencer à s'en nourrir ; si grande que soit sa puissance de séduction intellectuelle et sentimentale, la Philosophie morale, dont l'histoire compte trop d'éclatantes défaites pour qu'on ait encore confiance dans des méthodes d'enseignement et de prédication qu'elle proposerait à elle toute seule, doit donc faire appel ici aussi aux bons offices d'une autre discipline ; autrement, elle continuerait à parler à des sourds ou à des demi-sourds. En soi, sans aucun doute, *c'est la Morale seule qui moralise,* et jamais elle ne pourra moraliser autrement qu'elle n'a fait, *mais ce n'est pas elle qui peut rendre les hommes moralisables ;* sans une matière humaine convenablement préparée, sa puissance demeure liée, pratiquement nulle ou à peu près. Ou la Science remplira, à ses côtés, le rôle secondaire mais cependant nécessaire dont nous parlons, ou bien les esprits, les cœurs et les volontés des hommes resteront, indéfiniment, ce qu'ils sont. N'éclate-t-il pas aux yeux que si l'on veillait avec plus de soin à faire des générations plus normales, le mal décroîtrait et le bien croîtrait en ce monde avec u ` rapidité incomparablement plus grande que dans le passé à ses meilleurs moments ? *Or la question de la normalisation de la race est une question d'ordre exclusivement scientifique.*

Voici donc exactement comment se doit formuler à l'heure présente le problème moral : d'un côté, *la Philosophie, qui ne peut plus rien, mais c'est indifférent, pour la Morale spéculative ; qui peut beaucoup et peut seule quelque chose dans la région supérieure de la Morale pratique ; qui ne peut presque plus rien en matière de préceptes immédiatement utilisables, mais qui demeure le fond même de l'enseignement éthique, la seule inspiratrice directe du zèle moral et du zèle moralisateur ;* et en face de la Philosophie, *la Science, unique source possible d'un renouvellement de l'insuffisante Morale pratique, qu'elle doterait, en particulier, d'un système de règles dont l'application rendrait les hommes accessibles dans de grandes proportions à un genre d'enseignement et d'exhortation qui ne peut ni ne doit guère changer, capables même de devenir en plus grand nombre et avec plus de compétence désireux de faire l'éducation morale les uns des autres.*

On répète volontiers que la question sociale est une question morale ; cela est vrai, mais imprécis et incomplet ; il faudrait ajouter que *la question morale est pratiquement une question scientifique,* et aussi s'entendre sur la question sociale, qui n'est point simple. Si par société on entend surtout les *adultes* qu'elle renferme, la vérité qu'on entrevoyait se trouve aussitôt faussée, pour deux raisons. — Premièrement, *la société formée par les adultes* est une machine colossale, presque monstrueuse, dont la physiologie, la psychologie et la sociologie expliqueraient probablement tous les maux, mais n'ont pu fournir jusqu'ici du moins les éléments d'une thérapeutique propre à les guérir, d'une hygiène propre à prévenir d'une façon satisfaisante et durable le retour de ces maux si jamais l'on arrivait une fois à les faire disparaître. Et il est clair qu'il faudrait que les Sciences fussent mille fois plus avancées qu'elles ne le sont — l'Anthropologie les suppose toutes, — il faudrait même peut-être que l'intelligence humaine devînt supérieure à ce qu'elle peut être, pour qu'il fût possible d'organiser la matière sociale, telle qu'elle est, de manière convenable, c'est-à-dire, puisqu'il serait ridicule de parler d'une hygiène pour elle en l'état où elle est, suivant un plan thérapeutique approprié à ses infirmités. Les maux sociaux sont trop étendus, trop résistants, trop nombreux, trop complexes, trop enchevêtrés, et ce qui n'est point malsain dans les nations est trop souvent condamné par ce qui l'est à demeurer amorphe et infécond, enfin les organes de corps sociaux où la guerre aux conséquences du mal absorbe une grande partie de l'activité disponible, ces organes démesurément grossis et compliqués par l'exercice constant et presque exclusif de fonctions de défense et de réparation sont tout à la fois trop lourds et trop délicats à remuer, trop difficiles à modeler d'après des exigences rationnelles, pour que la Science actuelle puisse prétendre instituer la thérapeutique sociale qui serait requise. En tout domaine, l'hygiène est plus aisée à formuler que la thérapeutique ; mais le malheur, en ce qui concerne la société envisagée comme collectivité d'adultes, c'est que non seulement on est réduit d'abord à songer pour elle à une organisation uniquement thérapeutique, l'élaboration d'une hygiène étant remise à des temps éloignés, mais encore on constate que cette tentative de thérapeutique n'a pas de chances de réussir, qu'elle n'en aura jamais si les sociétés futures ressemblent à la nôtre. Faut-il donc dénier à la Science le rôle que nous pensions pouvoir lui attribuer ? Oui, tant qu'elle n'aura pas mis en œuvre un moyen propre à *tourner la difficulté* que présente l'effort thérapeutique par lequel, hélas ! on doit commencer. Supposons ce moyen trouvé : il ne s'agirait bientôt plus que d'hygiène, et ce serait au mieux, car la besogne serait devenue relativement aisée. En effet, la société étant guérie au moins dans une large mesure, une grande partie des obstacles théoriques et pratiques qui résultent de ce que l'homme est encore seraient aplanis; on peut à peine se faire une idée de la simplification qui s'accomplirait automatiquement dans le domaine des questions politico-sociales si le niveau du mal descendait très bas ; les collectivités se composeraient alors d'éléments véritablement adaptables les uns aux autres, d'unités toutes prêtes à collaborer, communiant spontanément ou presque dans le désir de vivre suivant la raison et le devoir : nul doute que dans de telles conditions on ne réussisse vite à formuler et à réaliser cet idéal social que personne jusqu'ici, et pour cause, n'a su esquisser (1). Mais, encore une fois, comment faire pour guérir, pour moraliser d'abord la société, comment lui appliquer une thérapeutique sans laquelle, on le voit, elle ne sera jamais en état d'élaborer et de pratiquer cette hygiène qui consiste dans l'établissement d'un ordre politique et social idéal ?

La seconde des raisons que nous annoncions est prise *de la nature même de l'adulte*, auquel songent surtout les réformateurs de toute école. Il n'est guère susceptible de conversion que s'il n'a pas besoin d'être profondément modifié : cette triste vérité n'est que peu contestée. Ce n'est point qu'il faille damner en bloc tous les méchants, parmi lesquels il est tant de faibles qui se laissent très bien assister, mais enfin, pour nombreuses que soient les exceptions, elles ne détruisent pas la règle. Dans les cas les plus beaux de relèvement moral qu'on pourrait nous opposer, il y a toujours en définitive quelque chose de véritablement exceptionnel, — j'insiste sur ce mot ; — toujours, en effet, l'adulte amélioré a été entouré de soins très spéciaux, reçus par lui dans des conditions particulièrement favorables,

---

(1) Alors seulement il ne serait plus insensé de rêver la découverte de l'organisation sociale parfaite, c'est-à-dire enfin conforme à la justice et pourtant assez souple pour se modifier encore suivant les circonstances. Le tort fondamental de nos utopistes actuels est de s'imaginer qu'on pourrait organiser quelque chose d'excellent avec la matière humaine telle qu'elle est encore et en transformant seulement les institutions à la fois nécessaires et insuffisantes dont il a fallu se contenter jusqu'à ce jour.

en des milieux qui sont clairsemés, très restreints, et dont il est improbable au reste, vu l'état actuel des sociétés, que le nombre et l'importance augmentent beaucoup. Les institutions comme celle d'Elmira, dans l'Etat de New-York, ne deviendront pas aisément légion, et d'ailleurs leur clientèle est déjà choisie. Loin de nous la pensée de nier qu'en pratiquant résolument la méthode des *sostitutivi penali*, si admirablement exposée par Enrico Ferri, on pourrait être dispensé, après quelques années, d'avoir à réprimer bien des délits et des crimes, même d'adultes (1); mais qu'entendons-nous proposer ici, si possible ? C'est le plus puissant, le plus radical des « substituts de la peine », celui qui consisterait à agir sur la mentalité même de l'homme dans le sens requis pour qu'il y ait, entre lui et la Morale, toute l'affinité souhaitable.

Serait-ce là une nouvelle utopie ? *Aucunement, si l'on entreprend d'agir sur la société par l'enfant et l'adolescent.* D'où vient l'échec souvent total du zèle moralisateur ? Nous venons de l'indiquer : c'est de ce qu'il croit devoir porter son principal effort sur *la société même et sur l'adulte*. Tout change si ce zèle se porte sur *l'enfant* et sur *l'adolescent*, sur *l'homme à la période présociale de sa vie*. Il y a un instant, la Science nous semblait presque aussi insuffisante que la Philosophie pure pour modifier en grand l'état moral de l'humanité, mais c'est que nous envisagions des applications maladroites et inopportunes de la Science ; maintenant, il faudrait être aveugle pour demeurer pessimiste. A supposer que l'on applique avec discernement et continuité les connaissances que l'on possède déjà sur l'hérédité, les conditions les meilleures de la conception, de la grossesse, de la puerpéralité, de la

---

(1) Par exemple, un système de dispositions qui serait propre à diminuer le vagabondage entraverait fortement la criminalité ; ce qui s'est fait en Belgique à ce sujet le démontre. Mais ne pas oublier que la tendance au vagabondage et la tendance aux fugues — qui sont proches parentes — sont regardées aujourd'hui comme des syndromes morbides ; il ne les faudrait pas traiter unilatéralement ; de toutes les médications, la médication législative est la seule qu'il ne faudrait jamais employer seule.

lactation, sur la psychophysiologie et l'interpsychologie de l'enfant et de l'adolescent ; à supposer qu'on utilise, c'est relativement très facile, toutes les ressources des groupements familiaux, scolaires, sportifs et autres, qui sont aussi souples en leur exiguïté que la grande société l'est peu : qui oserait prétendre qu'on serait encore obligé à l'avenir de soigner, d'interner, d'assister, d'emprisonner, de s'essayer à relever — et en pure perte! — tant d'adultes, lesquels ne sont guère malades, névropathes ou fous, misérables, coupables enfin, que par suite d'une éducation nulle, ou absurde, ou malsaine ? Les tribunaux pour enfants et adolescents, que l'on commence à créer, auraient assez vite moins de clients qu'aujourd'hui, et un temps viendrait peut-être où ils en auraient encore davantage que les tribunaux pour adultes.

Ainsi donc la question morale et par suite la question sociale, qui s'y réduit, se ramènent toutes deux, sinon théoriquement, du moins pratiquement, à une question scientifique, précisons : *à la question de l'éducation envisagée enfin de façon scientifique*. Ne pas dire : la réforme de l'éducation est avant tout une affaire sociale; c'est avant tout, bien plutôt, une affaire individuelle, et voici comment il faut entendre en l'espèce le rôle des individus. Ne parlons même point, pour l'instant, des incalculables conséquences pouvant résulter pour la société de l'éducation d'un seul enfant très bien élevé, laissons même de côté le pouvoir immense de l'exemple — de l'exemple même bon ! — est-il douteux que l'opinion conduise les collectivités ? Or, c'est la diffusion des lumières qui seule améliore durablement l'opinion. C'est donc, par-dessus tout, le zèle de ceux qui savent, hommes privés s'adressant à des individus qui parleront à d'autres ou s'adressant à des groupes d'auditeurs plus ou moins nombreux, c'est ce zèle qui sera l'agent efficace de la rénovation des idées en matière d'éducation ; pour l'orienter dans une voie où l'on peut être certain que désormais ses résultats correspondraient à son ardeur, ce que l'on possède de connaissances applicables à la pédagogie et aux disciplines connexes suffit amplement. Nous allons montrer maintenant, par des faits précis, comment la Science peut rendre à la Morale les deux services, les deux seuls, que celle-ci ne saurait se rendre à elle-même, parmi d'autres qu'elle est encore capable de se rendre sans aide aucune ou pour lesquels elle a fini depuis longtemps de pourvoir au nécessaire. *La Science comme apte à fournir la technique d'une préparation très sûre des mentalités humaines à l'action des idées morales sur leurs diverses tendances et facultés, la Science comme moyen de mettre à la disposition des bonnes volontés une Morale pratique qui mérite mieux son nom* : tels sont les deux sujets que nous allons successivement aborder dans les deux sections suivantes de ce travail. On verra sans peine, avant même que nous nous en expliquions, pourquoi nous pourrons réduire à quelques pages la seconde de ces deux sections.

**

Descartes concluait, de la nature passionnelle des causes de nos erreurs et de la nature corporelle des causes de nos passions, que la médecine, dont il jugeait les progrès aussi assurés que ceux de la physique, viendrait un jour à bout et de nos erreurs et de nos passions, maîtresse de celles-là parce que maîtresse de celles-ci, victorieuse peut-être des forces mêmes qui nous emportent vers la mort. C'était trop d'optimisme, mais la Science actuelle reprend l'idée cartésienne, et même, si d'un côté elle y pratique certaines amputations, de l'autre elle y ajoute. Car non seulement on ne met guère en doute, de nos jours, l'efficacité psychique d'agents thérapeutiques physiques et chimiques, mais encore on a fondé toute une psychiatrie, dont on attend beaucoup pour le bien du corps lui-même. Ceci, on ne peut dire que Descartes l'ait aussi clairement pressenti ; cependant souvenons-nous qu'il affirmait la puissance de la pensée sur les « mouvements des esprits animaux » tout autant que l'action du physique sur le moral ; il croyait à une influence durable des déterminations de l'âme sur le cerveau et sur les nerfs, construits selon lui de façon à garder la trace de tous les mouvements qui les peuvent traverser, qu'ils viennent de l'âme, du jeu même de la machine corporelle ou du monde ambiant, et il n'admettait pas qu'aucun de ces mouvements pût être sans effet sur notre vie mentale. Peu importe s'il pensait devoir expliquer les rapports des deux moitiés de notre être au moyen de lois spéciales, établies par la volonté du Créateur pour accorder ensemble deux sortes de réalités incapables à ses yeux d'agir proprement l'une sur l'autre ; avec lui était définitivement posé, et d'une façon vraiment moderne, le principe de la possibilité d'une physiopsychologie et d'une psychophysiologie utilisables tout à la fois pour le bien physique et le bien moral de l'homme, chacune des deux santés dont notre être global est susceptible étant regardée comme ayant en l'autre une partie notable de ses conditions. Et n'oublions pas de mettre l'accent sur ce point, qui n'est pas le moins curieux : chez Descartes, la santé de l'âme est elle-même conçue comme double, comme psychique d'une part au sens général que nous donnons à ce mot, et d'autre part comme morale au sens restreint de ce terme ; mais il ne distingue ici que pour mieux unir, car il a par instants une idée aussi nette de la dépendance de la vie morale par rapport à l'intégrité mentale, que de l'influence des dispositions morales sur l'état général de la pensée, de la conscience, dirons-nous, pour interpréter sa doctrine dans la langue philosophique d'aujourd'hui.

I. — Le premier facteur de la moralité, c'est l'HÉRÉDITÉ. On ne nie plus guère son importance qui apparaît d'autant plus grande qu'après avoir été obligé d'admettre, indistinctement, la possibilité de la transmission d'une simple faiblesse congénitale, d'une constitution tératologique, de diathèses pathologiques et enfin de dispositions criminelles, on a été amené à regarder toutes les défectuosités des ascendants comme pouvant engendrer chez les descendants *n'importe quel état organique ou fonctionnel regrettable*. Il est établi, surtout depuis les travaux de Féré, qu'il en est de l'hérédité proprement dite comme de l'existence individuelle, où l'on hérite sans cesse de son passé personnel : de même qu'une infection, par exemple, peut entraîner à sa suite chez un individu les affections les plus variées, de même les tares des générateurs, qu'ils les aient acquises au cours de leur existence ou qu'ils les aient héritées et s'en montrent porteurs, ou encore qu'ils ne les possèdent qu'à l'état de virtualités, peuvent être le principe de dégénérescences de toutes les catégories pour les êtres qui sortent d'eux ; on trouvera même parmi ceux-ci des dégénérés supérieurs, dont les uns seront, parfois, plus remarquables qu'étranges, d'autres étant plus étranges que remarquables ; chose plus curieuse encore, il arrive que quelques-uns sont tout à fait des êtres d'élite, mais il est clair que dans ce cas les tares parentales ou ancestrales ont dû n'être point excessives ; un fait analogue, quoique inverse, s'observe en thérapeutique, où des poisons légers, s'ils ne s'égarent pas en route, rendent à l'organisme d'éminents services. Les faits mis en lumière par Féré et par bien d'autres à sa suite acquièrent un haut degré d'intelligibilité dans la théorie qui tend aujourd'hui à dominer en pathologie ; d'après celle-ci, non seulement les dispositions morbides de toute sorte, mais aussi les monstruosités sont en général attribuables à une cause unique, *à la misère physiologique du germe et de l'organisme qui abrita les débuts de son évolution*. Cette misère est aggravée par les *intoxications* qu'elle suppose et par celles qu'elle engendre ; de là *une altération* plus ou moins grande *de la fonction de nutrition* et en conséquence, suivant la gravité du cas, suivant surtout l'époque du développement du germe où le mauvais état de la fonction d'assimilation s'accuse le plus, — car à chaque moment de notre évolution, qui est discontinue, il y a des points particulièrement vulnérables en notre organisme, — c'est tel ou tel de nos organes ou appareils qui est atteint, soit simplement dans son activité, soit dans sa formation même. Selon la partie intéressée, qu'elle se malforme, ou fonctionne seulement de façon irrégulière, ou même ne fasse que demeurer débile, l'avenir est compromis d'une manière ou d'une autre, et l'est *d'autant plus que le mal s'est installé plus tôt* : on est, dès lors, soit orienté morphologiquement vers quelque monstruosité, soit destiné à contracter facilement dans un avenir proche ou lointain quelque maladie. Et de même qu'un défaut morphologique se double très fréquemment, au hasard des localisations du mal qui sont en général multiples, d'anomalies mentales diverses et rarement simples, il existe, à côté des maladies très peu nombreuses qui n'ont d'autre retentissement psychique que la douleur, d'autres maladies très nombreuses qui se manifestent psychiquement par quelqu'une des formes si variées du dérangement mental, et d'autres enfin, les plus nombreuses de toutes, qui cumulent à longue ou à brève échéance les effets douloureux et les effets inscriptibles au tableau des troubles de l'esprit. Mais si, de toutes les dégénérescences sans exception, la cause est la même, à savoir *un mauvais chimisme*, n'est-il pas évident qu'une grande partie de nos maux — tous ceux qui ne sont pas purement accidentels — sont *des équivalents* les uns des autres, et donc qu'ils doivent dans une certaine mesure s'engendrer entre eux assez indifféremment, dans l'individu déjà, et surtout dans la race ? Comparée à l'existence de l'individu, l'existence de la race présente en effet une discontinuité et une malléabilité par rapport aux circonstances qui sont incomparablement plus grandes, et qui forcément introduisent par suite une bien plus large part d'indétermination dans les legs que l'espèce se fait à elle-même d'une génération à la suivante. On s'effraye justement d'abord d'avoir à réunir en un seul bloc tous nos maux, *y compris ceux qui sont psychiques, le mal moral comme les autres*; mais bien vite luit une espérance. Car *si le génie du mal est en quelque sorte moniste*, si toutes ses œuvres, de la phtisie à la criminalité en passant par l'épilepsie et la folie sans oublier la monodactylie, le bec-de-lièvre, etc., etc., sont faites, en réalité, de la même pâte, — *un plasma vital faible et plus ou moins empoisonné*, — trouver les moyens de corriger à temps et surtout de prévenir les altérations de ce plasma ce serait disposer d'un pouvoir quasi souverain sur l'hérédité, sur le mal moral aussi bien que sur les autres maux à leur source même, qui est également physique dans tous les cas. Peu importe, en effet, que cette source ne soit pas toujours située en tels ou tels points de l'organisme où s'élaborent directement les dessous de notre activité spirituelle, puisque tous les défauts de celle-ci peuvent provenir d'un mauvais héritage à peu près quelconque.

« Quelconque », avons-nous dit. Dépasserions-nous les enseignements des faits ? Nous allons démontrer qu'il n'en est rien, et pour point de départ nous prendrons le document suivant. Un groupe de physiologistes américains, ayant étudié avec soin 72 familles comprenant 1097 membres, y vérifiait récemment l'hérédité de la folie à la lumière des lois de Mendel ; ils concluaient que 30 0/0 des personnes ayant des hérédités névropathiques étaient capables de les transmettre, et que dans aucun des cas où les parents ne sont pas tous deux normaux et d'ascendance saine, il n'y a absence complète de tare nerveuse dans la descendance. Ils n'estiment, il est vrai, qu'à 2 0/0 le nombre des personnes atteintes de névropathie, dont 0,5 0/0 seulement seraient internées. Toutefois, si l'on n'avait pour envisager l'avenir que de pareilles statistiques, on se demande avec terreur quel sort serait réservé à des sociétés où 1 individu sur environ 40 a des chances de faire souche de névropathes ou de générateurs de névropathes, de rendre plus ou moins vaine au point de vue de la race la santé nerveuse d'un autre individu auquel il s'unira par mariage, ou de multiplier éventuellement ses propres tares par celles du conjoint qu'il se donnera. Mais ce n'est pas tout (1) ; les auteurs dont nous parlons

---

(1) Biswanger rapproche les chiffres suivants, fournis par Strohmayer et Naecke : 50 (Strohmayer dit 60) à 70 0/0 des pensionnaires des asiles sont des héréditaires, tandis que chez les sains d'esprit l'hérédité morbide non transformée en affections nerveuses et men-

ont éliminé tous les cas de folie dus à des traumatismes, à l'alcoolisme, à l'avarie, toutes les psychoses provenant d'une affection cérébrale ; c'était leur droit, vu le but spécial de leurs recherches, qui était de vérifier les lois de Mendel en ce qui concerne l'hérédité de la folie ; mais on sait que toutes les causes qu'ils ont laissées de côté jouent un rôle immense dans la production de maladies mentales qui ne semblent pas de prime abord exiger d'être expliquées par l'hérédité, et que non seulement les maladies mentales produites par ces causes peuvent devenir le principe d'une fâcheuse hérédité, mais encore, d'une part, que la susceptibilité du système cérébro-spinal par rapport à nombre d'affections ou même d'accidents de nature très diverse est déjà une tare, une tare vraisemblablement léguée, d'autre part qu'il n'est aucune maladie qui n'ait quelque répercussion nerveuse ou même cérébrale ; qu'on lise à ce sujet le second volume du *Traité international de Psychologie pathologique* qui se publie sous la direction du professeur Marie. Enfin, dès qu'il y a chez les générateurs un vice de nutrition — et un vice de ce genre est à l'origine, en somme, de toutes nos maladies, qu'elles appartiennent à la famille arthritique ou à la famille tuberculeuse, à celle des intoxications et infections ou à la famille névropathique — toutes les mauvaises hérédités soit semblables soit dissemblables, soit simples soit combinées, sont possibles. Un fils d'épileptiques pourra n'avoir que des migraines, mais un fils de migraineux pourra devenir épileptique ; un fils de deux parents rhumatisants pourra contracter facilement des affections bien plus graves que tel enfant de parents névrosés ; on a établi l'existence d'affinités notables entre la tuberculose elle-même et l'hystérie, qui d'autre part est commune dans les milieux où s'observe la chorée, ou l'épilepsie, ou toute autre névrose ; un diabé-

---

tales serait de 20 à 25 0/0. On revient de plus en plus, même en Allemagne, à la théorie de la dégénérescence héréditaire pour expliquer tous les maux physiques et moraux de l'homme qui ne sont pas purement accidentels. Souvenons-nous que cette voie a été magistralement ouverte par un Français, l'illustre aliéniste Morel.

tique, tout comme un goutteux, a d'ordinaire des névrosés dans sa parenté, et il est sujet lui-même à nombre de troubles nerveux qui fréquemment s'accompagnent d'affaiblissement intellectuel et d'apathie.

Mais voici, maintenant, ce qui est le plus grave au point de vue qui nous occupe. *Il n'existe aucune disposition aux diverses maladies que nous venons de citer à peu près au hasard, qui soit sans connexion, d'une manière ou d'une autre, avec quelque défectuosité morale.* Dans la règle, tout homme ayant une tendance à l'épilepsie ou à l'une des affections apparentées à l'épilepsie présente en même temps quelque propension à la violence, ou tout au moins de l'amoralité intermittente : le rhumatisant a d'ordinaire des variations d'humeur qui le rendent plus ou moins insociable ou des bizarreries de caractère dont sa conduite se ressent, et parfois il cumule ; le moral du tuberculeux est, en général, au moins un peu altéré ; semblable au futur maniaque ou au futur mélancolique dont le mal débute, souvent pour le premier et toujours pour le second, par une diminution des sentiments altruistes, tout malade qui devient apathique ou dont le jugement se fait moins ferme perd la virilité du vouloir et la vue nette de ses obligations ; il en est de lui, toutes proportions gardées, comme de ces sinistrés dont une blessure au crâne fait aussitôt des paresseux, des irritables, des hypocrites après un long passé de vertus ; tel goutteux qui restait aimable durant son accès se montre impulsif et méchant ensuite jusqu'à la prochaine crise, comme tel épileptique traverse successivement des périodes d'irréprochable moralité et des périodes de révoltante dégradation, à moins qu'amoral ou immoral de façon continue à un degré d'ailleurs fort variable, il ne cesse d'offrir le spectacle du mal sacré que pour faire de l'hystérie ou de la chorée. Il est donc incontestable que la quantité du mal moral favorisé ou déversé dans le monde par l'hérédité est beaucoup plus grande que celle, déjà considérable, que l'on pourrait supposer en considérant des statistiques comme celles que nous rapportions plus haut ; des faits comme ceux qui viennent d'être énumérés le prouvent surabondamment. Non seulement l'hérédité proprement névropathique est toujours transmissible et fatale toujours en conséquences moralement malsaines, mais toutes les affections névropathiques non-héritées peuvent devenir transmissibles elles-mêmes avec ou sans variation dans le mal hérité et engendrer, soit des affections névropathiques héritables pour longtemps, soit des affections d'une autre sorte mais qui seront propres à refaire, parfois dès la première génération, de la névropathie soit associée soit induite, de la névropathie où le mal moral, inséparable compagnon d'inévitables troubles psychiques, trouvera invariablement à s'insérer peu ou prou ; enfin, toutes les affections non-névropathiques elles-mêmes, qui en majorité ne sont pas entièrement accidentelles, mais ont leurs conditions premières dans une hérédité névropathique ou autre soit apparente, soit voilée pour un temps, soit déguisée sous quelque avatar, sont susceptibles de produire dans l'individu et dans la race des ravages nerveux dont s'inquiétera, autant que le psychologue, le moraliste averti.

Au reste, que l'on rapproche encore, des renseignements cliniques fournis par la neuropathologie, les statistiques judiciaires des crimes et délits poursuivis et de ceux qui auraient pu l'être, en complétant ces statistiques par les observations qu'il est possible à chacun de faire autour de soi sur les formes de l'immoralité qui échappent par nature à toute poursuite : on ne pourra pas plus douter *de la parenté étroite des affections psychiques en général et du mal moral, que de celle de tous les troubles mentaux et des troubles nerveux, que de celle des troubles nerveux et du reste des troubles physiologiques,* que *du rôle prépondérant,* enfin, *joué en tout cela par l'hérédité.* N'étudiât-on que sommairement l'influence de ce facteur, on s'aperçoit qu'il le faut mettre en tête de ceux qui règlent nos destinées, et que la Médecine préventive et curative doit être, de son côté, regardée comme le plus actif et le plus puissant de tous les moyens de régénération morale alors même qu'elle traite des cas qui paraissent strictement médicaux. On comprend, pensons-nous, pourquoi nous parlons ici plutôt de l'hérédité malsaine que de l'autre : la première tâche à remplir n'est-elle pas d'éliminer le mal? Et puis, l'on sait trop combien facilement l'hérédité bonne court de périls, la mauvaise ayant le privilège d'avoir pour complices un bien plus grand nombre de circonstances dans la vie humaine ; de là l'infinie et déplorable richesse des formes de cette hérédité, des formes du mal en général (1). Si l'on nous croit en ceci trop pessimiste, qu'on oppose donc, à la liste des maux de toute espèce qui atteignent l'homme, la liste des manières d'être enviables ; pour désigner l'ensemble de celles-ci, il n'y a même pas de mot satisfaisant, celui de bien étant trop vague et celui de santé ne signifiant en somme que l'absence de la morbidité et de l'anomalie ; avantages physiques divers, génie, vertu, sainteté, que tout cela est peu de chose, est peu varié et forme un genre pauvre en regard de toutes les faiblesses, de toutes les infirmités et maladies, de toutes les douleurs, de toutes les folies et de toutes les abominations qui sont écrites au tableau du mal ! Le mal, ah ! voilà qui est riche et précis...

Pour qu'on nous suive sans défiance, nous devons répondre sans plus tarder à un reproche que peut-être le lecteur nous fait, et d'autant plus vivement qu'il a l'âme plus haute ; car, ainsi que le vice, la vertu favorise des préjugés, dont certains sont de nature à la démunir, sans qu'elle y prenne garde, d'utiles procédés de défense morale. Commettons-nous la faute de nier la liberté au moins implicitement? Nous allons nous expliquer et nous défendre tout en poursuivant la démonstration de notre thèse.

---

(1) Que l'on songe seulement à ce fait : le mal physique est très contagieux, la santé ne l'est point. Ce fait est d'autant plus grave que tout mal physique risque d'en amener d'autres, tandis que la santé n'engendre point, elle, une série d'états heureux qui la perfectionnent. Au moral il y a une contagion du bien, mais moins grande que celle du mal, et il s'en faut que les dessous physiologiques de la moralité fassent pour elle autant que les dessous physiologiques de l'amoralité ou de l'immoralité pour ces dernières.

Oui, sans doute, qui adopte cette thèse pratiquera une forte coupe dans la forêt des cas où la liberté passe pour intervenir, et toute seule, aux yeux des *zelanti* du vieux Libertisme; mais si la Science exige qu'on allège celui-ci d'un lourd poids mort, n'a-t-on pas deux raisons de n'hésiter point à le faire ? Trop de gens sont suspects au point de vue nerveux parmi ceux dont la conduite laisse tôt ou tard à désirer, trop de criminels deviennent plus ou moins aliénés, trop de condamnés qui ne le deviennent pas sont cependant reconnus pour n'avoir jamais été normaux, trop de sentiments dont la présence est de règle chez les rebelles à la loi sont étrangers aux hommes sains — pour ma part, je ne pourrais, je crois, quelque violence que je me fasse, me façonner l'âme d'un cambrioleur, — trop d'autres sentiments habituels à l'homme normal manquent à celui qui ne l'est point, pour qu'on soit fondé à contester qu'il y ait souvent, entre le crime et la folie, ressemblance très grande, identité même, ou encore, et c'est exactement pareil, équivalence. A côté du délire intellectuel, il y a un délire des sentiments, et aussi un délire des actes qui tantôt se déploie seul, tantôt se combine avec les deux autres; et ceux-ci sont au fond, comme lui, de véritables chorées cérébrales, de l'automatisme, de l'impulsivité. Il est terriblement difficile, pour le moins en pratique, de distinguer d'une impulsion le consentement au mal tel qu'il se produit chez les sujets réputés responsables, car leur état mental au moment de ce consentement ressemble fort au vertige du vouloir que psychiatres et aliénistes rencontrent chez leurs malades. Ajoutons que moins un homme s'est montré mauvais antérieurement, plus augmente la probabilité d'un tel vertige s'il lui arrive de forfaire en grand, et que moins un homme s'est montré bon dans le passé, plus il est vraisemblable qu'il agit toujours en machine : impulsivité probable d'une part, automatisme vraisemblable d'autre part, comme ces deux choses se ressemblent ! Observons d'ailleurs qu'il est tout à fait arbitraire de dresser une cloison étanche entre la classe des malades mentaux et celle des hommes réputés sains, réputés tels, notons-le d'abord, pour des raisons toujours insuffisantes : qui donc a fait, de qui que ce soit, un examen exhaustif? Un examen de ce genre fût-il possible, peu importerait encore pour le triomphe d'un certain Libertisme, car la nature humaine demeure assez identique, semble-t-il, à travers les vicissitudes qu'elle subit, et la parfaite santé mentale, dont on chercherait en vain le critère infaillible, a elle-même, tout comme son contraire, son mécanisme, ses conditions physiologiques, son chimisme où jusqu'à des toxines de source exogène ou endogène peuvent produire, produisent même normalement des effets heureux. Remarque complémentaire : un déterminisme bien constaté joue dans la plupart des cas de moralité non héroïque chez les bons, et dans la plupart des cas d'immoralité légère ou moyenne chez les bons et chez les méchants ; le nier serait décréter impossible toute psychologie, puisque ce serait déclarer anarchique, ou, si l'on préfère, anomique, la majeure partie de notre vie mentale ; nous montrions tout à l'heure qu'il y a aussi un déterminisme évident dans un nombre à coup sûr considérable de cas de grande immoralité chez les uns et chez les autres. Reste l'héroïsme ; quand il se fait jour, nettement, où il n'était rien moins qu'attendu, il doit en être souvent de lui comme d'une explosion qui n'étonne que parce qu'on ignorait l'existence de ce qui la produit : rien n'avait manifesté la poudre avant l'étincelle, mais la poudre était là ; quant à l'héroïsme du juste, est-il lui-même sans ressemblance aucune avec un vertige, avec une force invincible comparable aux forces naturelles ? Partout donc, nous trouvons de la nécessité ; et l'on ne s'explique un peu l'homme que quand on en aperçoit. Dira-t-on : « Il y en a ici, mais il n'y en a point là » ? Il serait, certes, arbitraire et illogique au plus haut point de refuser d'étendre de la sphère des actes mauvais à celle des actes bons ou inversement, ou de la catégorie des actions qui sont d'importance à celle des actions de peu d'importance ou inversement, un genre d'explication qui a fait ses preuves dans l'une quelconque de ces sphères et de ces catégories ; or, le genre d'explication dont nous parlons a fait ses preuves en tout domaine ! Faudra-t-il donc nier toute trace de liberté ? Non, cela serait également *dépasser les données de l'expérience* ; mais du moins doit-on reconnaître que vaste est le champ du pur déterminisme, vaste aussi la région où il prédomine, insaisissable l'action propre de la liberté, insoutenable la thèse qui poserait qu'il est des cas où elle agit toute seule, en souveraine absolue, et cela de façon évidente.

On objecte le fait de la préméditation ; mais celle-ci n'est-elle pas observable dans l'aliénation la plus franche, lors de certaines crises et aussi, c'est là le fait le plus grave, entre des crises, durant des intervalles que l'on sait n'être que des périodes de rémission ? Rien ne permet parfois, cliniquement, de différencier ces intervalles de l'état de santé parfaite, et pourtant ils ne sont, au fond, que des équivalents à forme larvée des crises mêmes. Et si la première crise n'a pas été observée, si la seconde n'a lieu que postérieurement à une condamnation judiciaire, s'il n'y a jamais de seconde crise... que le lecteur conclue lui-même ! Il n'existe aucun moyen de discerner avec certitude le criminel d'occasion, celui dont la responsabilité serait le plus probable, du criminel de race, qui n'est pas un mythe encore que la diathèse criminelle congénitale conçue à la manière lombrosienne soit une entité illusoire ; or le criminel de race, tout comme l'aliéné authentique héréditaire ou non, peut n'avoir dans toute sa vie, si surtout il meurt jeune, qu'un accès manifestant la tare dont sa nature est congénitalement grevée. Et si l'on excuse un tant soit peu, croyant faire une concession sans conséquence, les crimes dits passionnels, ne s'engage-t-on pas à considérer à peu près tous les crimes comme on nous reproche de le faire ! On n'accomplit pas le mal sans en avoir eu tout d'abord fortement envie ! De plus, à côté de la passion d'aspect pittoresque ou dramatique, il y a la passion terne et froide, et l'obsession, et l'idée fixe à lente évolution ou à déclic subit ; et enfin, la diversité des organisations est telle que les désirs les plus étranges, les plus monstrueux sont aussi naturels que les plus nobles et les plus raisonnables. Ne parlons même pas des cas plus ou moins frustes d'excitation, de dépression, de perversion intellectuelle, de paranoïa partielle et passagère, qui peuvent avoir de graves conséquences tout en n'offrant aucune prise, ou à peu près, à l'observation ; la simple faiblesse intellectuelle, la débilité mentale la plus amorphe est susceptible de produire des effets moraux comparables à ceux des tares les plus caractérisées ; les imbéciles ne sont-ils pas aussi facilement incendiaires que les persécutés persécuteurs ? Ils le sont même davantage. Et l'imbécillité n'a pas seulement des degrés, elle a aussi des formes diverses ; elle peut n'être que partielle, ne porter même, dit-on, que sur un point, comme l'idiotie du reste, et coexister avec des supériorités nombreuses, éclatantes, qui la masquent ; à côté des gens qui ne sont méchants que parce qu'ils sont bêtes, que d'autres ne le sont que parce que sur un point seulement ils ne sont pas intelligents ; ces derniers sont tout spécialement dangereux parce que leur intelligence générale, souvent grande, se met au service du grain de sottise qui est en eux. Mais est-il possible que le mal, en l'homme, ait jamais une racine unique ? En définitive, ce doit être là l'exception ; car tout est solidaire de tout, dans un organisme ; il y a harmonie en nous jusque dans la désharmonie. C'est un axiome, aujourd'hui, que toute anomalie, toute infirmité, toute maladie irradient leurs effets en tous sens, déterminant un peu partout des troubles qui ne sont pas seulement des répercussions fonctionnelles, mais bien un véritable dégât organique ; lorsque celui-ci est peu grave, ou grave mais difficile à constater pour une raison quelconque, quelles erreurs deviennent possibles ! On méconnaîtra, par exemple, qu'une intelligence est troublée tout entière au moins suivant un certain plan, ou bien que la frénation morale est devenue impossible dans certaines directions, corrélativement à quelque dérangement mental que l'on s'obstine à croire le seul par suite d'absurdes préjugés et dont on ne veut pas admettre qu'il puisse former, avec d'autres défectuosités psychiques observables ou à rechercher, une chaîne continue. Cette chaîne, hélas ! forme d'ordinaire un cercle fermé, et cela très tôt, ce qui achève tout à la fois de compromettre la responsabilité de bien des sujets et de désorienter le libertiste irréductible. On dit encore que la vie mauvaise pousse vers la folie de mille façons directes et indirectes ; c'est exact ; mais que de fois les fautes, et tout d'abord la nature et l'intensité des tentations, ne sont qu'un premier effet de dispositions constitutionnelles fâcheuses ! Pourquoi ne tenir compte que des conséquences mentales des actes auxquels ces dispositions ont poussé ? Ces conséquences, sans doute, sont de nature à attirer plus fortement l'attention, mais il est rare qu'une anamnèse consciencieuse ne permette pas de conclure qu'on eût pu diagnostiquer jadis les dispositions initiales dont tout le mal est sorti.

Résulte-t-il de toutes ces considérations que l'on doit vider les prisons ? Non, mais qu'il est peut-être possible de réussir à n'avoir point à y mettre tant de gens. Toujours il faudra des prisons, ne fût-ce que pour y enfermer les délinquants à qui *la secousse psychique d'un traitement punitif* peut être utile vu la non-oblitération totale de leur conscience et la permanence en eux de quelque *honte morale,* voire simplement de cette *honte sociale* qui suffit à rendre curatif un emprisonnement bien entendu. D'ailleurs, si l'on commettait la faute de suivre le conseil insensé donné naguère par Tolstoï, il faudrait, d'après tout ce qui précède, créer un grand nombre d'asiles spéciaux pour les remplacer, et y faire entrer même une foule de personnes qui circulent librement dans nos rues et dans nos salons. Rien à craindre donc pour la sécurité publique des théories ici exposées ; nous défendrions sans aucun scrupule toutes leurs conséquences en matière de réformes pénales si nous n'avions à proposer quelque chose de plus rationnel, de plus pratique et de moins coûteux que la transformation en asiles de la majeure partie des établissements pénitenciers.

Pour achever de nous justifier, rappelons les enquêtes de Binet et d'autres sur les effets de la misère économique. Celle-ci produit simultanément, chez les mêmes enfants ou chez des enfants élevés dans les mêmes conditions, retards et désharmonies graves de croissance, faiblesse de tempérament, susceptibilité aux affections contagieuses et aux autres, arriération intellectuelle et insuffisance morale. De tels effets s'atténuent d'ordinaire tous ensemble, indistinctement, à la suite d'une simple hausse de salaire dans les familles ouvrières dont on a pu observer les produits successifs. De ces enquêtes il ressort aussi que la colère et la cruauté très accentuées chez l'enfant, tout comme le fait de tomber souvent du lit, indiquent en général un tempérament épileptique, que l'insincérité et l'indiscipline habituelles sont symptomatiques de l'hystérie, que la simple inéducabilité par déficience grave de la faculté d'attention est imputable à une asthénie fréquemment polymorphe. En tout ceci on doit incriminer autant le régime imposé à l'enfant que l'héritage reçu par lui de parents soumis à des conditions de vie nocives déjà pour eux ; nous n'insistons sur ces faits que pour mieux marquer la dépendance de la moralité parrapport aux causes morbifiques de toute catégorie dont nous avons dit le fond physiologique commun. Si l'on est tenté de se récrier, qu'on s'en prenne à la Nature, non à la Science, et surtout qu'on ne s'en prenne pas à nous ! D'ailleurs, à ne considérer, de toutes les cartes démographiques de la criminalité, que celle qui a trait à la distribution sociale de la criminalité violente et de la criminalité de ruse, on s'aperçoit déjà que jusqu'au détail des rôles, dans l'armée du mal, est copieusement prédéterminé ; car la distribution des deux sortes de criminalité coïncide en ses grandes lignes avec la division des classes sociales en pauvres et ignorantes d'une part, riches et instruites d'autre part. Voudrait-on que nous fournissions un critère infaillible de la liberté, des moyens précis pour la mesurer (1) ? Qui

(1) A quel âge un enfant devient-il responsable ? La femme d'une manière générale l'est-elle autant que l'homme ? On ne peut déjà répondre convenablement à de telles questions ; à plus forte raison, ne le peut-on lorsqu'on considère un individu déterminé, car toute personnalité est un infini dont Dieu seul peut achever l'analyse, ainsi que Leibniz le disait.

donc d'entre nous sait seulement « s'il est digne
d'amour ou de haine » ? Aussi le professeur Grasset,
qui serait le dernier à proclamer la Nécessité, opine-t-il
sagement lorsqu'il dit que la Justice se doit contenter
d'évaluations tout psychologiques de la responsabilité,
*d'une responsabilité entendue en un sens strictement
« médical »* ; de celle-ci, *le niveau est même essentiellement variable ;* on ne doit pas prétendre pouvoir la
mesurer une fois pour toutes en tout accusé, — c'était
bien aussi l'avis du regretté Saleilles — employât-on à
cette fin des réactifs plus savants que les simples interrogations d'un juge d'instruction ou d'un président de
tribunal. Telle quelle, la besogne est assez délicate
déjà.

Pourquoi donc tant s'émouvoir d'une doctrine qui
fait au Déterminisme sa part (1) ? En définitive, que
font surtout les psychophysiologistes de notre temps ?
Ils précisent ce qu'on désignait autrefois sous le vocable
un peu vague de « tentation », et décrivent avec plus
d'exactitude le mécanisme des causes du mal ainsi que
celui de son effectuation. C'est très peu révolutionnaire.
Même, leur enseignement ressemble en grande partie
et, pour le reste, court assez parallèlement à celui des
théologiens. Ceux-ci ne reconnaissent-ils point qu'il y a
des cas, morbides, où la tentation est invincible, qu'il
y a des manœuvres idoines à la combattre avec succès
dans la majeure partie des circonstances, que l'attaquer
de biais ou de loin est la plus sûre des tactiques, enfin
que, dans l'impossibilité où l'on est toujours d'escompter
à l'avance le degré de libre initiative dont une volonté
humaine est capable, la sagesse consiste à s'ingénier
au mieux pour s'amener soi-même à vouloir le bien de
plus en plus automatiquement, et pour amener les
autres à le vouloir eux aussi de cette façon. A la question : « Comment puis-je commencer à vouloir le bien ? »

---

(1) On démontre aisément tout au moins qu'à côté d'un déterminisme
physiologique il y a un déterminisme psychologique, partiellement original et indépendant. Un libertiste sans fanatisme doit déjà se réjouir
fort qu'il en soit ainsi, car un déterminisme absolu n'est à sa place
que dans un matérialisme absolu dont on ne veut plus guère.

ils répondent : « Votre question même marque qu'en vous le désir du bien se trouve déjà, gros d'une force disponible prête à se transformer en mouvement ; ce qui vous manque le plus, c'est de savoir comment accroître et rendre plus actif ce désir. Voici, pour le cultiver, tels et tels procédés ; dès que vous aurez compris leur vertu, vous vous en saisirez spontanément s'il est vrai que vous ressentez le désir dont vous parlez. » Et ils ajoutent : « En désespoir de cause, vous avez encore la ressource de vous adresser à Dieu ; on est toujours assez croyant pour essayer cela. Essayez donc, quelque peu croyant que vous pensiez être ; en ce faisant, vous déclancherez un divin mécanisme qui transformera votre présente velléité en un vouloir effectif (1). Tant que vous habiterez ce monde, vous ne saurez pas à quel degré vos actes ont été libres, mais c'est sans importance puisque ce n'est pas à nous, mais à un Autre, de nous juger. » On le voit, le langage du savant moderne n'est pas si différent de celui des théologiens, au nom desquels on le gourmande volontiers. En ce qui nous concerne, ne nous accuserait-on pas avec autant de raison — et aussi peu — d'un Libertisme excessif, si nous disions qu'en ces pages notre principal but est d'indiquer des méthodes pour écarter les obstacles s'opposant au triomphe de la volonté sur le mal ? Rien de ce qui précède ne nous interdit d'avoir cette intention. Se refuser à utiliser pour l'Ethique pratique les connaissances que la Science peut fournir sur le nombre, les espèces et la force de ces obstacles, *ce serait opter immoralement pour une Morale paresseuse, routinière, finalement hypocrite.*

Il y a lieu de répondre encore à une autre objection, non plus philosophique ou religieuse, mais d'ordre positif ; nous le ferons, comme pour la première, tout en poursuivant notre démonstration. « Ne faudrait-t-il pas,

---

(1) Il serait intéressant aussi de rapprocher l'idée de ce bon « vertige du vouloir » dont nous parlions plus haut, de l'idée théologique de la grâce, en se souvenant que, pour les théologiens, la grâce elle-même n'exclut pas l'usage de la liberté, mais au contraire le rend plus aisé.

dira-t-on, que l'homme fût déjà beaucoup meilleur qu'il ne l'est, pour se préoccuper très tôt et très sérieusement de devenir un bon générateur, pour obéir à la Science et à la Conscience jusqu'à renoncer au mariage en certains cas ? Les plus inaptes à bien engendrer seront toujours les moins propres à envisager le temps de la jeunesse comme une sorte de noviciat ; vos arguments ne toucheront pas ceux que précisément ils visent. » Une fois pour toutes, faisons justice de ce genre d'objection, que l'on pourrait être tenté de nous faire encore par la suite à plusieurs reprises.

Momentanément, c'est un désastre que l'on réussisse à conserver tant d'individus dont la disparition serait préférable pour la race ; mais il est vraisemblable que les progrès prochains de la Médecine remédieront au mal qui se mêle à tout le bien réalisé par ses progrès récents : elle saura de mieux en mieux rendre sains et forts nombre de ces infirmes et de ces malades qui jadis seraient morts jeunes et qui encombrent nos sociétés, êtres de rebut plus ou moins nocifs, en particulier comme générateurs, au triple point de vue physique, psychique et moral. Si donc le mal moral que favorisent tant de causes — dont, en bonne place, celle qui vient d'être signalée — n'est pas tel que rien n'en puisse arrêter l'accroissement automatique, on peut espérer qu'il se produira finalement une amélioration merveilleuse de notre espèce. Or il paraît bien, tout d'abord, que *l'ère des grandes découvertes ne fait que s'ouvrir pour la Médecine.* Il n'est, en effet, presque plus de forces qu'elle ne sache ou ne commence à savoir utiliser pour le bien de l'homme : forces mécaniques, physiques, chimiques, biologiques, psychiques même. Parmi elles, plus instruite de l'économie anatomique, histologique et physiologique de notre organisme, de ce qu'il sait faire par lui-même ou sous l'action des diverses secousses de la thérapeutique, elle choisit maintenant avec infiniment plus d'art. Elle a réduit déjà la médication chimique, dont l'emploi inévitablement très empirique est difficile à faire collaborer avec le chimisme spontané des laboratoires ambulants que nous sommes, pour se tourner de préférence, chaque fois qu'il est possible, vers une médication plutôt physique qui est plus puissante, plus puissante parce qu'elle se contente davantage de solliciter la *vis medicatrix Naturæ*, la grande guérisseuse en somme ; de jour en jour l'emploi de la chaleur, de l'électricité, de la lumière, des rayons nouvellement découverts, lui réussit davantage ; une métallothérapie s'esquisse même. Elle a appris à se faire, des micro-organismes les plus dangereux, des collaborateurs ; la sérothérapie immunise et guérit, et son avenir est illimité, comme celui de l'opothérapie dont on a déjà tant obtenu pour avoir soupçonné le rôle des sécrétions internes dans tout l'organisme, le cerveau y compris. La chirurgie s'attaque victorieusement jusqu'à des affections nerveuses et cérébrales, après avoir envahi des domaines qui paraissaient réservés pour toujours à la médecine interne ; et voici que le psychothérapeute résout, avec une simplicité de moyens parfois surprenante, des cas jadis jugés presque insolubles ou traités avec un succès assez mince par des méthodes très compliquées (1). La Médecine, mais elle se fait, semble-t-il, toute seule, tant affluent vers elle, qui n'a plus qu'à les combiner, les lumières qui viennent des Sciences cosmologiques et celles qui viennent des Sciences anthropologiques. — Aussi, le nombre fût-il longtemps encore relativement petit des hommes aptes à se faire un devoir de conscience de se mettre en état d'être de bons générateurs, il y a des chances pour que, *par le simple effet des progrès prochains de la Médecine*, qui sont assurés, le nombre des individus sains, pères et mères d'enfants qui seront normaux et donc susceptibles de moralisation, aug-

---

(1) Des écoles aussi différentes que celles de Dubois (de Berne) et de Freud (de Vienne) s'accordent pour relier jusqu'à un certain point aux simples psychonévroses, où la psychothérapie fait merveille, bien des cas de folie. Dubois entrevoit la possibilité de traiter plus ou moins celle-ci par les procédés qui lui réussissent dans celles-là, reprenant ainsi une idée qu'on avait trop dédaignée et qui remonte à Pinel. D'autre part, voici que des disciples de Freud pensent découvrir jusque dans la démence précoce l'action d'idées obsédantes formant ici des « constellations » du même genre que celles qu'on observe dans la neurasthénie et l'hystérie, par exemple.

mente progressivement dans des proportions très appréciables ; et plus il y en aura de tels, *plus aussi il y aura d'hommes prenant au sérieux, par conscience, les préceptes de la Médecine* ; de sorte que nous pouvons être optimistes *sans avoir besoin de pouvoir compter initialement sur un quantum considérable de moralité actuelle.* Il n'est pas, que nous sachions, nécessaire d'être un héros, un saint, pour désirer se bien porter ; la peur de la souffrance, qui n'est pas en baisse, loin de là, chez notre génération si névrosée, peut engendrer une grande docilité aux règles de l'Hygiène et aux prescriptions de la Médecine, si surtout ces sciences, et c'est le cas, se parent d'un prestige toujours plus grand : or leurs exploits présents et ceux qu'on peut escompter pour l'avenir sont de taille à frapper même des mentalités inférieures à la moyenne, pour le plus grand bien, toujours, des générations à naître. Concluons donc qu'il serait vain de craindre un accroissement automatique du mal que rien ne pourrait enrayer : une science est là qui sera toujours plus puissante, et dont l'égoïsme lui-même sera de plus en plus disposé à écouter la voix, une science est là qui est propre à faire, automatiquement, des ravages énormes à la racine même du mal moral, et à susciter des générations capables, enfin, de lui obéir pour se conformer à la loi du devoir.

Mais est-il possible d'ores et déjà de prêcher efficacement l'amélioration de la race au nom de la Morale? Il est hors de doute qu'on trouvera bon accueil auprès de ceux qui ont de la raison et de la conscience ; et sont-ils si clairsemés ? Parmi eux, les tout à fait sains deviendront plus attentifs encore à leur santé, et ils hésiteront à contracter certaines unions ; sont-ils malades et plus ou moins tarés ? ils se soigneront, ils pèseront leurs tares, ils s'enquerront de la constitution du conjoint qu'ils pensent à se donner ; guéris, ils se marieront sous les meilleurs auspices ; non guéris, ils renonceront au mariage. Que d'hommes sont assez honnêtes pour qu'on soit sûr qu'ils ne se seraient pas mariés s'ils avaient eu connaissance de ce qui, dans l'union qu'ils ont contractée, était une menace pour la race ! Restent les êtres dont la raison est faible ainsi que la conscience. Mais que de variétés dans cette catégorie! Un certain nombre d'entre eux (voir plus haut) seront toujours capables en quelque mesure de prendre intérêt à leur propre santé et donc d'entrevoir la laideur morale d'une union vouée à la procréation de produits défectueux ; un peu de bon sens, de la peur, l'influence de quelques bons conseillers pourront encore quelque chose ici. Mais s'ils sont malades, s'ils sont tarés, si les soins mêmes auxquels ils se soumettront peut-être jusqu'à un certain point ne peuvent avoir un effet suffisant ? Il est possible que dans les cas les plus graves le législateur trouve le moyen d'intervenir pour défendre la société de demain contre celle d'aujourd'hui ; mais comment innoverait-il avec quelque ampleur en cette matière sans abus odieux ? On ne peut songer à hospitaliser de force tous les individus dont l'internement serait désirable, ni à créer un conseil de revision obligatoire pour tous les fiancés ainsi que d'autres institutions plus ou moins vexatoires qui pourtant, c'est incontestable, rendraient de précieux services. Par bonheur, la nature intervient à sa manière où le médecin et le législateur voient s'arrêter leur puissance. Les unités sociales les plus mauvaises et les moins curables ont à s'unir entre elles par mariage une tendance très marquée, ainsi qu'une autre, non moins marquée, à accélérer le gâchage de leur triste constitution; grâce à la première de ces tendances, elles se rendent d'ordinaire *stériles* ; grâce à la seconde, elles se condamnent souvent *à une mort prématurée*. En regard de ces deux lois, déjà consolantes somme toute, en voici deux autres qui le sont plus encore : quand les conditions de la génération sont excellentes, il y a dans la règle *consolidation par l'hérédité des caractères familiaux les plus définis et les meilleurs*, et il y a aussi, toutes réserves faites, *fécondité plus grande en produits viables*. Pour les unions entre gens simplement médiocres, c'est un fait d'expérience qu'elles sont loin d'être mauvaises. — Ainsi donc il existe en fait assez de moralité pour qu'on puisse déjà prêcher efficacement l'amélioration de la race au nom de la Morale ; et d'autre part, où prédication morale et pouvoirs publics sont la première sans force et les seconds sans droit contre le mal, où manque jusqu'au plus élémentaire bon sens, où manquerait même la crainte instinctive de la souffrance, la Nature pourvoit à ce que le mal ne s'exagère pas au delà de certaines limites ; à l'inverse, le bien point-il quelque part, elle le favorise. Tout se passe, malgré tout, comme s'il y avait en elle un désir actif d'accroître la phalange des êtres d'élite. Pour hâter le moment où l'élite sera légion, que faut-il seulement ? Plus de zèle à répandre les lumières, chez ceux qui savent ! Le plus grand amour du Vrai uni au plus grand amour du Bien, voilà quelle était la définition de l'idéal moral pour les anciens spiritualistes ; mais il n'y a pas que la vérité philosophique ou religieuse qu'il faille aimer, *il faut aimer aussi la vérité scientifique*, car elle est si puissante pour la réalisation du bien moral lui-même, que non seulement le véritable juste est celui-là seul qui veut s'inspirer d'elle dans l'action, mais encore qu'elle renferme le secret de la production de générations pouvant abonder en justes, et qu'elle tend déjà à susciter de telles générations là même où on ne l'approfondit que par curiosité, où on ne lui obéit que par intérêt !

Ajoutons, pour terminer, que tous les écarts de conduite dont on peut se rendre coupable avant le mariage et que même la conclusion d'un mariage imprudent ne sont pas toujours fatals à la descendance. Le docteur Roubinovitch a rapporté à ce sujet des exemples très convaincants, et des mendélianisants nous assurent — puissent-ils dire vrai ! — au sujet des tares qui ne sautent jamais une génération, que les enfants qui en sont indemnes dans les familles où l'un des générateurs en est seul porteur ne les transmettent point à leurs descendants. Toujours la *Natura medicatrix !* A elles deux, la Science et la Nature travaillent vraiment de façon merveilleuse à faire prédominer sur l'autre la bonne hérédité en dépit des circonstances qui, momentanément du moins, lui sont en général peu favorables, et en dépit, si l'on ose s'exprimer de la sorte, de la santé toujours délicate de ce qu'elle a planté. Vraisemblablement, elle plante moins, avec moins d'adresse et de précision, dans les organismes, que ne fait l'hérédité mauvaise, mais comme la Nature, ainsi qu'il y paraît bien, s'obstine héroïquement à vouloir la normalité de ses produits, les bonnes semences sont en fin de compte fort vivaces ; et puisque de son côté la Science, spécialement sous la forme médicale, opère davantage dans le sens de la normalisation de l'homme et de son bien en général qu'elle ne tend à favoriser le mal, les optimistes qui espèrent d'elle des remèdes pour tous nos maux sont dans la logique. Nous ne prétendons pas, au reste, que ces remèdes soient les seuls.

Une brochure n'étant point un livre, il y est permis, lorsque la matière est trop vaste, de n'insister que sur un nombre restreint de points, à choisir parmi les plus suggestifs. En l'espèce, l'hérédité était l'un de ces points. Nous allons parler très brièvement de quelques autres, conception, grossesse, puerpéralité, lactation, dont la littérature prête moins à la discussion, est d'une assimilation plus aisée pour le grand public, et enfin s'adapte si facilement à notre thèse pour la confirmer que celle-ci s'en dégage d'elle-même à peu près sans commentaire.

En ce qui concerne la CONCEPTION, les conseils des anciens ne font plus sourire ; on les a réhabilités et même compliqués. De l'avis presque unanime des médecins, les dispositions physiques et même morales les plus momentanées, les plus accidentelles des parents importent, pour la conception, à un degré aussi élevé parfois que leur état présent habituel, que le temps qui s'est écoulé depuis qu'ils ont subi l'atteinte d'un mal quelconque, que toute leur histoire antérieure et celle de leurs générateurs immédiats et lointains, que des facteurs comme leur âge respectif et comparé, leur consanguinité ou leur non-consanguinité, l'identité ou la différence de leur race, etc. La conception déclenche, il est vrai, une force qui est toujours à quelques égards supérieure à celles en lesquelles se résument d'une part l'influence familiale et d'autre part les idiosyncrasies individuelles natives résultant de la combinaison de cette influence avec l'action des mille circonstances fortuites où s'opère la conception ; cette force, c'est la force même de l'espèce, la plus active, la plus ancienne. Aussi, lorsqu'elle s'accomplit dans les meilleures conditions possibles quant aux dispositions présentes des organismes générateurs, la conception peut-elle neutraliser bien des virtualités défectueuses de l'œuf. C'est d'une manière générale un avantage inappréciable pour l'homme *d'être plutôt encore l'enfant de l'espèce que celui de ses parents*, d'être le produit direct d'un œuf porteur d'une force moins altérable que celles dont ses parents sont la source immédiate. Ce que ceux-ci peuvent faire de mieux, dans la règle, c'est, semble-t-il, de ne point gêner et de faciliter l'action de cette force : ce qu'ils peuvent lui ajouter de favorable n'est presque rien en regard de ce qu'elle sait faire par elle-même quand elle joue simplement sans obstacles. Faut-il qu'elle soit puissante pour avoir réussi à se maintenir jeune et triomphante depuis tant de siècles, en dépit de toutes les infirmités et maladies physiques, psychiques et morales qui ont fondu dès l'origine de l'humanité sur les individus ! Mais malheur à l'enfant si, dans l'œuf dont il sortira, la force spécifique, qui a des limites, se trouve plus ou moins paralysée par suite d'une conception dont le moment fut mal choisi ; malheur à lui, quand même sa conception défectueuse ne serait pas comme le dernier article, confirmant et aggravant tous les autres, d'un testament rempli déjà de clauses défavorables ; car les premiers débuts de l'œuf influeront sur toute la vie de l'être futur. Autant de moments critiques dans notre évolution, autant de moments où nous sommes très vulnérables ; le plus critique de tous est évidemment celui où nous ne consistons encore *qu'en une seule cellule*. Qu'est-ce donc que l'évolution d'un homme ? Quelque part qu'ait eu un esprit transcendant ou une intelligence immanente à la nature dans la formation de notre espèce, et quelle que soit l'importance constante du jeu des fonctions mentales dans tout être humain, notre organisme est un mécanisme : de quelque façon qu'il ait été monté, il fonctionne comme il le fait parce qu'il est monté comme il l'est. De ce mécanisme, la propriété la plus remarquable est d'évoluer circulairement ; il est constitué de telle sorte qu'au cours d'un énorme développement issu tout entier d'un œuf et que la mort menace à chaque instant, il donne naissance à des demi-œufs auxquels appartient une manière d'immortalité et qui à leur tour, se conjuguant avec d'autres demi-œufs de sexe contraire, reproduisent un œuf entier capable de régénérer une machine pareille, en ses grandes lignes ou même en son détail, à celles dont sont sortis les demi-œufs. Chacun de ces demi-œufs est, en somme, plus étroitement relié à l'organisme qui l'a produit que l'être adulte n'est relié à l'œuf dont il provient, car dès que commence le travail embryogénique, la substance de l'œuf se divise à l'infini et mille influences s'ajoutent à celles qu'il exerce par les infiniment petits en lesquels il se résout, tandis que chaque demi-œuf est tout entier fonction de l'organisme où il a mûri. Mais, en revanche, avec quelle force et quelle obstination ces infiniment petits initiaux à double origine, gardiens des normes de l'espèce malgré ce qu'ils peuvent charrier d'impuretés héréditaires, doivent agir sur le développement de tout l'être ! Qui donc pourrait sérieusement soutenir que ce que les générateurs font pour l'œuf *au moment où ils lui permettent de se constituer,* est moins important que ce qu'ils ont fait pour chaque demi-œuf durant toute leur existence antérieure? Il faut prendre garde à la conception comme à l'hérédité, car la première peut toujours *confirmer, améliorer* ou *aggraver* les apports de la seconde. — Il n'est pas impossible qu'on applique un jour aux germes humains, avant même la conception, des procédés du genre de ceux qu'on applique avec succès aux semences végétales, ou de ceux qui réussissent à modifier le sexe et la structure des produits animaux — électricité, chaleur, froid, actions chimiques (1). En attendant, il est des règles plus simples, dont la valeur est éprouvée et dont l'observation préviendrait la mise au jour de bien des enfants indésirables. Une vertu surhumaine est-elle indispensable pour qu'on tienne compte des cas, assez bien connus, où la conception est contre-indiquée ?

La conception est la dernière phase de la constitution de l'héritage qui sera transmis, car l'action de la mère sur l'enfant tandis qu'elle le porte est déjà une sorte d'éducation. Cependant, ce qui retentit en lui de l'état où elle se trouve pendant la GROSSESSE est encore un héritage qu'il reçoit d'elle, qui achève alors en quelque sorte de le concevoir. Ici aussi que de bien peut être fait, et surtout que de mal sinon réparé, du moins empêché !

Des maladies imprévisibles peuvent atteindre la future mère, ou des émotions inévitables la secouer pour le plus grand dommage de son enfant ; de ces causes résultent très souvent pour celui-ci, dans le premier cas quelque infirmité ou quelque diathèse morbide, dans le second cas une disposition fatale à l'éclampsie, à l'épilepsie même. Et l'on n'ignore plus de quel poids pèsent sur la mentalité entière de l'enfant, *sa mentalité morale y comprise,* la tendance à l'épilepsie, les suites cérébrales de l'éclampsie, les séquelles cérébro-spinales de toutes les affections graves qu'il peut contracter, le moindre trouble qui peut survenir dans le développement de ses organes. Aussi doit-on préserver avec le plus grand soin des contagions, des accidents de toute sorte et des émotions trop vives de toute nature, la femme qui a, comme on dit d'un mot très beau, des espérances. D'autant plus que le mal fait à l'enfant est bien moins réparable que celui qui est fait à la mère dont il est, pendant les trois

---

(1) D'une manière générale, tous nos états psychiques sont des produits de synthèse ; pourquoi serait-il impossible de faire ici, au moins jusqu'à un certain point, ce qu'on fait jusqu'en chimie organique ? Où est la limite qui sépare l'art de la nature ? Le premier ne peut-il faire exactement ce que fait la seconde quand il sait avec précision ce qu'elle fait et quand il sait mettre en œuvre les éléments qu'elle emploie ?

quarts d'une année, comme un organe et le plus délicat de tous. Mais l'on peut bien davantage pour tous deux. D'abord, on peut dans la règle éviter à la mère beaucoup de fatigues qui priveraient l'enfant de substances nutritives indispensables et l'empoisonneraient plus ou moins. Ensuite, on peut organiser savamment son régime physique et son régime moral ; ce dernier paraît importer fort, lui aussi ; on a pu constater les heureux effets de la joie modérée, du calme de l'âme et des préoccupations élevées chez la mère sur le tempérament et le caractère de l'enfant. A cela, au reste, rien d'étonnant, car tous ces facteurs psychiques ont un envers chimique et physique chez la mère et par suite influent chimiquement et physiquement sur l'enfant, dont la nutrition et le développement organique ne font qu'un, à vrai dire. Il y a plus : la sensibilité nerveuse de l'enfant réagit aux substances déversées en lui par des mouvements plus ou moins analogues à ceux dont l'appareil nerveux maternel est le siège, et que cette jeune sensibilité est aisément surmenée ! Est-ce un paradoxe de parler de sensibilité prénatale ? Pas plus que de parler de motilité prénatale. A partir d'un certain moment, l'enfant doit vibrer sympathiquement avec la mère, un peu comme le sourd ressent les mouvements qui correspondent aux sons que ne perçoit pas son oreille. A côté d'une action maternelle plastique, il en est donc une autre, *créatrice d'habitudes sensitives et motrices* ; celle-ci est d'une importance psychologique, et par conséquent éthique, tout aussi capitale. Voici encore un point trop négligé ; on ne doit pas imposer à une femme des maternités trop rapprochées et trop nombreuses. Il faut soixante-dix jours pour qu'une accouchée saine soit parfaitement rétablie ; mais pour nos civilisées, surtout si elles nourrissent, un intervalle de cette durée entre deux grossesses est insuffisant, et de beaucoup ; le nombre est considérable des monstres, des phtisiques précoces, des valétudinaires chroniques, des fous moraux, et tout d'abord des enfants mort-nés ou morts très jeunes qui sont venus trop tôt après un autre enfant ou encore après trop d'autres enfants. Les parents dont les premiers-nés sont défectueux doivent être persuadés, spécialement s'il leur est échu des jumeaux, que n'eussent-ils encore découvert aucune raison de suspecter la valeur de leur union au point de vue de la race, ils en ont une dès lors de la juger néfaste : congénitalement, celui des deux qui doit porter dans son sein les fruits de leur amour est destiné à les gâter ; c'est bien lui qui a la tare cachée, car de telles naissances sont toujours précédées de grossesses très pénibles, et normalement la grossesse ne doit pas l'être au delà d'une certaine mesure; elle doit même fortifier la mère ; des statistiques prouvent que les femmes très saines jouissent du maximum de la santé après trois parturitions. La loi, en divers pays, a pourvu de plusieurs façons à la défense de la société future contre les maux résultant du petit nombre des conditions défavorable de la grossesse sur lesquelles le législateur peut avoir une prise effective et efficace ; mais ici encore l'intérêt bien compris et la volonté morale peuvent faire plus et mieux que la loi. Ajoutons que l'amour conjugal aurait un moyen, qu'il est impardonnable de négliger, de prouver qu'il n'est pas ce que nous craignons qu'il ne soit souvent, une forme spéciale de l'égoïsme ; c'est des maris que nous parlons.

Passons rapidement sur les inconvénients, bien qu'ils soient parfois de longue portée, de la maladresse ou de l'incurie des *sages-femmes* et des *médecins-accoucheurs*. Pour faire voir que nous y devions faire au moins une brève allusion, rappelons simplement les ravages de l'ophtalmie des nouveau-nés, ravages moins fréquents aujourd'hui grâce aux découvertes faites dans le domaine de l'antisepsie et de l'asepsie. Est-il indifférent, au point psychique et même au point de vue moral, de pouvoir se servir de ses yeux ? Il est prouvé que l'exercice de tous les sens et aussi de tous les membres est indispensable pour que le cerveau jouisse de l'activité dont sa formation, qui est très lente, exige un quantum très élevé dès les tout premiers temps de la vie : de jeunes enfants amputés des deux jambes se sont montrés insuffisants psychiquement pour cette seule raison que la racine de leurs membres inférieurs (c'est-à-dire les centres cérébraux des mouvements de ces membres) avait été condamnée à l'immobilité par cette amputation même. Considérons le sourd de naissance, muet par suite de sa surdité; ce n'est pas seulement parce qu'on ne peut l'éduquer avec la même facilité qu'un autre enfant, qu'il est presque fatalement destiné à n'acquérir qu'un développement mental incomplet, c'est aussi parce que chez lui les centres cérébraux de l'expression, dont le fonctionnement joue un rôle capital dans le travail même de la pensée, demeurent en partie inactifs; la parole intérieure proprement dite, le plus puissant auxiliaire de l'entendement, lui fait défaut comme la parole extérieure. Et de même qu'on observe toujours, chez l'homme dont la mauvaise conduite frappe d'abord, un certain déséquilibre de toute l'âme, en particulier des étrangetés de raisonnement et des façons simplistes de penser, compatibles d'ailleurs avec des dons intellectuels précieux, de même on rencontre toujours, chez celui dont l'infériorité psychique attire d'abord l'attention, un jugement moral faible ou dévié, un abaissement ou une altération des sentiments moraux, une insuffisance quelconque, enfin, du pouvoir volontaire. Donc, tout ce qui menace l'intégrité des facultés physiques doit être évité, non pas simplement parce que la volonté doit avoir à son service un corps apte à exécuter ses ordres les plus compliqués ou les plus durs, mais aussi parce que toute altération de ces facultés risque d'atteindre l'âme jusqu'en ses ressources morales. L'éducateur, autant que le médecin, doit méditer cette vérité ; le premier, en se souciant trop peu de l'activité des sens de ses pupilles ou de leur entraînement au jeu, peut leur faire un tort multiple, comparable à celui qui résulte de la négligence ou de l'inhabileté d'un médecin accoucheur.

On raconte sur l'influence *des nourrices* bien des histoires suspectes, comme d'ailleurs sur celle des spectacles contemplés ou des idées fixes subies par les mères durant la grossesse ; il est impossible actuellement de faire sur ces deux points le départ exact du vrai et du faux, mais, du vrai, il y en a certainement. Par exemple, pour ce qui est de la lactation, dont il nous faut dire un mot, on a plus d'une fois remarqué de singulières ressemblances morales entre des nourrices et leurs nourrissons devenus grands, alors même que les premières n'avaient en rien contribué à l'éducation de ceux-ci. Quoi qu'il en soit, il est du moins incontestable que la bonne qualité du lait et le dosage intelligent des rations qu'on permet à l'enfant sont de première importance pour le préserver de ces *entérites* qu'il prend si facilement et dont l'installation, d'une part, le dispose à contracter plus tard diverses psychonévroses, d'autre part le cachectise, le rend réceptif pour de multiples *affections des voies respiratoires* — le premier grand danger pour lui, avec les entérites — sans compter que bien souvent l'éclampsie guette, lorsque commence le travail de la dentition, le nouveau-né qui n'a pas assez prospéré. La méningite n'accompagne pas toujours les convulsions, mais de ces dernières et de la première il reste fréquemment des traces dans le cerveau ; nous jugeons inutile d'insister derechef sur les répercussions mentales de toute sorte, directes et indirectes, de tout état morbide de la famille scrofuleuse et de la famille névropathique. Etant donné l'intensité du développement de l'enfant jusqu'à trois ans — il a alors la moitié environ de la taille de l'adulte — il est possible, au cours de ces années, de lutter victorieusement contre un grand nombre des défectuosités que peut présenter son organisme, même contre certaines défectuosités héréditaires, et de le fortifier beaucoup ; aussi, étant donné d'autre part *le lien étroit de la capacité de moralisation d'un sujet quelconque et du degré de normalité de son niveau mental général, qui est fonction de son niveau physiologique, de son niveau comme animal,* cette période de un à trois ans doit préoccuper le moraliste autant que les périodes mêmes où l'intelligence du futur homme se prête à philosopher sous sa conduite.

Chaque âge a ses maladies, plus ou moins dangereuses pour l'avenir mental du malade, et qu'il faut d'abord prévenir ou soigner d'après les méthodes de la médecine courante. Mais nous avons, désormais, autre chose à faire que de traiter des affections spéciales à chaque période de la jeunesse et d'appeler l'attention sur l'opportunité de soins uniquement matériels. L'hygiène, la médecine sur lesquelles nous devrons nous étendre de préférence — parce qu'on y songe en général trop peu — au sujet de l'être humain sorti de la première enfance, sont d'un ordre assez *différent* de celles dont il a été question jusqu'ici. Toutefois, avant d'exécuter le mouvement tournant que nous annonçons, et même de le justifier, nous ferons remarquer l'importance, tant au point de vue physiologique qu'au point de vue mental, des années dix, douze, quatorze ou quinze, dix-sept ou dix-huit, qui sont particulièrement critiques alors même que l'enfant ou l'adolescent ne cause aucune alarme. Les considérations qui vont suivre serviront de *transition* entre la première et la seconde série de celles qui composent la présente section de ce travail (1).

A *dix* ans, l'enfant se trouve sous tout rapport au milieu d'une période d'équilibre relatif où l'on ne peut pas beaucoup agir sur son évolution — en bien, s'entend ! — mais l'expérience démontre qu'il est très souvent à cet âge, toutes proportions gardées et toutes réserves faites, ce qu'il sera plus tard ; il faut donc l'observer alors de très près en vue de l'avenir prochain, de la crise de l'adolescence qui est imminente et durant laquelle on disposera d'un grand pouvoir sur son être entier. A *douze* ans environ commence cette crise, qui se manifeste du côté de l'âme par de nombreux changements dans la vie émotive, et du côté du corps par des poussées de croissance discontinues et anharmoniques : de là un état de déséquilibre général qui rend

(1) Il existe à présent un grand nombre de travaux très riches de renseignements sur les points que nous ne faisons qu'indiquer ici. Le plus complet de tous est *Adolescence* de Stanley Hall. M. Compayré en a fait connaître au public français les idées les plus importantes dans un volume de la Bibliothèque de Philosophie contemporaine (Alcan).

le jeune être vulnérable à la fois dans tous ses organes et dans toutes ses facultés. A *quatorze* ou *quinze* ans, la vulnérabilité est à son comble, car si l'accroissement volumétrique du corps tend dès lors à s'harmoniser avec sa taille qui n'augmente plus aussi vite, et si la plupart des fonctions de l'organisme se mettent assez rapidement en état de se rendre les unes aux autres des services adéquats aux besoins des divers organes tous solidaires entre eux, le système nerveux central est par contre en retard sur le reste, et il l'est de la façon la plus nocive, à savoir en ce qui est du cerveau surtout ; il ne réalise que lentement dans sa propre organisation les progrès requis pour que la digue d'une raison ferme et maîtresse d'elle-même s'oppose comme il le faut à l'énorme et anarchique développement de l'émotivité qui s'est accompli. A *dix-huit* ans, enfin, l'âge où l'adolescence fait place à la jeunesse proprement dite et où l'être humain commence à se fixer, il est bon de veiller pour une raison très spéciale ; il arrive parfois, alors, que se manifestent des traces tardives d'une hérédité regrettable dont on n'avait eu aucune occasion de soupçonner l'existence, ou d'une maladie de l'enfance qu'on avait oubliée ; le cas peut être grave. Si rien de tel n'apparaît, mais si d'autre part l'adolescence ne s'est pas bien terminée physiquement ou moralement, on doit se dire encore qu'il est d'autant plus pressant d'aviser que le temps de la grande plasticité de l'esprit et du corps touche à sa fin, et que les premiers signes d'involution peuvent ne pas beaucoup tarder ; lorsque débute la jeunesse proprement dite, le sort de l'homme est à peu près déterminé à tous égards ; il sera presque fatalement — souvent il le prouvera avant ses vingt-cinq ans — le phtisique, l'aliéné, le criminel que l'on a craint de le voir devenir vers sa dix-huitième année, ou bien l'homme sain, l'être d'élite qu'il promettait d'être à cet âge.

II. — Mais ce n'est pas seulement pour ne point encombrer ces pages de documents médicaux ou pour éviter des redites que désormais nous ferons à peu près complètement abstraction des données de la pathologie physiologique (1). A mesure qu'il s'éloigne davantage de la première enfance et jusqu'au moment — qui chez les natures les plus favorisées n'arrive jamais — où il n'est plus, selon le mot de James, qu'un « paquet d'habitudes », l'homme devient graduellement capable d'une vie mentale plus riche, plus cohérente *et s'expliquant davantage par les lois mêmes de son être psychique* ; en même temps il est de plus en plus influencé par son *ambiance sociale* ; et jusqu'aux répercussions de ses infirmités et de ses maladies dans son caractère se mettent à vivre chez lui d'une sorte de vie propre, s'intégrant à l'ensemble de sa vie mentale au point de *paraître se détacher totalement de leurs causes organiques* ; on dirait que l'âme acquiert peu à peu la propriété de fonctionner d'une façon notablement *indépendante*. Quoi qu'il en soit des rapports qui continuent à exister entre l'esprit et le corps, les choses se passent, en somme, comme si le servage du premier à l'égard du second était susceptible de s'atténuer fort, voire de s'annuler par intermittences, et de se transformer même en une domination merveilleuse de celui-là sur celui-ci. C'est pourquoi *l'on peut, pratiquement, faire d'excellente pédagogie et même d'excellente psychothérapie en oubliant, parfois tout à fait, la physiologie morale et pathologique* ; c'est pourquoi l'on peut raisonnablement s'adresser souvent à l'enfant sain à peu près comme s'il était *un pur esprit*, tenter de réparer par une *rééducation principalement psychique* les méfaits d'une éducation nulle ou mauvaise, tenter de combattre ainsi *jusqu'aux poussées d'une hérédité malsaine et aux effets mentaux de causes morbides actuelles nettement physiologiques*, tenter enfin *d'agir psychiquement contre les causes mêmes de certaines affections qui n'ont jamais relevé, jusqu'ici, que de la*

---

(1) Il demeure entendu qu'il est toujours opportun et souvent même nécessaire de s'inquiéter du corps en même temps que de l'esprit, et tout d'abord que les conseils d'un médecin — autant que possible psychologue — peuvent être aussi utiles dans des cas qui n'ont rien à voir avec la question de l'hérédité que dans ceux où celle-ci doit être considérée en premier lieu.

médecine incomplète qui est pour les matérialistes toute la Médecine.

Il vaut la peine de s'arrêter un moment à considérer cette hygiène et cette thérapeutique à procédés psychiques qui consistent dans l'éducation et la rééducation du mental par des moyens mentaux et qui sont d'un emploi tout indiqué depuis la fin de la première enfance jusqu'à l'époque — qui commence trop tôt, hélas! chez la plupart des hommes — où il faudrait pouvoir agir encore sur leur être, dont le côté mental s'est comme ossifié, sclérosé, si l'on ose s'exprimer de la sorte, ainsi que l'on agit avec tant de succès sur l'organisme de l'enfant et de l'adolescent, c'est-à-dire par des moyens médicaux au sens matériel de ce mot ; tant que l'homme n'est pas adulte, les deux sortes d'hygiène et de thérapeutique sont aussi puissantes sur lui, qui tout d'abord doit être traité comme s'il n'était guère qu'un corps, et qui par la suite devient peu à peu de moins en moins améliorable et curable, physiquement et moralement, quelques procédés qu'on emploie à ces fins. La source du pouvoir de l'éducation et de la rééducation dont nous parlons est *dans l'indépendance relative qu'acquiert chez l'homme la vie de l'âme par rapport au reste de ce qui forme sa nature* ; elle est dans une propriété de l'esprit qui lui permet de ne pas ressentir fatalement les effets du déterminisme physiologique dont le corps est le siège, et dont ce qu'on nomme l'hérédité constitue la partie la plus considérable, la plus tyrannique : l'esprit, en nous, est d'abord à peu près comme s'il n'était pas, quand déjà le corps se développe avec une activité prodigieuse ; lorsque le premier existe enfin vraiment, que de besogne a fait le second ! Mais, par nature, le premier est toujours maître chez lui entre certaines limites qui peuvent se reculer beaucoup, tandis que le second est à perpétuité l'esclave aveugle de lois qui pèsent sur lui du dehors plus encore qu'il ne pèse sur l'esprit, de lois de toute sorte qu'il subit passivement, avec nécessité. Et pourtant l'esprit peut-il jamais à aucun moment jouir d'une existence, d'une activité tout à fait indépendantes ? Il est clair que non. Comment donc s'expliquer qu'il paraisse si indépendant, et que même il le soit dans une certaine mesure ? Car si l'on peut pratiquement le traiter comme s'il l'était plus ou moins, c'est qu'il l'est, en effet, plus ou moins. A cette question, voici notre réponse :

Il est hors de doute que l'influence du corps sur l'esprit ne s'annule jamais que pendant des instants extrêmement courts, dont nous ne prétendons pas au reste qu'ils ne soient point fréquents. Ces instants existent, car il est indéniable, par exemple, que c'est parce qu'il est l'esprit, que l'esprit pose que deux et deux font quatre ; pour penser cela, il faut un cerveau, et qui soit sain ; mais enfin il faut autre chose encore que l'ensemble des phénomènes mécaniques, électriques, calorifiques et chimiques qui correspondent, physiologiquement, à une telle pensée. En d'autres termes, *il est également vrai que le cerveau fait penser la pensée et que la pensée fait cérébrer le cerveau.* Pour comprendre le second de ces faits, dont l'on n'a point, au fond, plus de motifs de s'étonner que du premier, que l'on considère le cerveau par rapport au reste du corps. Cet organe est constitué de telle sorte *qu'il jouit lui-même, à l'égard de tous les autres, d'une très large indépendance ;* à ce point de vue, *son écorce grise* surtout est remarquable ; grâce à elle, il possède dans l'organisme des prérogatives vraiment royales. Or, additionnons, combinons *cette indépendance cérébrale et cette indépendance mentale relatives* que nous venons successivement de reconnaître ; comme elles s'éclairent et se complètent l'une l'autre, comme elles rendent aussitôt intelligible *la possibilité d'une vie proprement humaine, d'une pédagogie et d'une psychiatrie rivales de l'hygiène et de la thérapeutique médicales traditionnelles !* Pensée et cerveau, l'une s'exerçant avec une belle liberté suivant les lois toutes spirituelles qui sont celles de son essence originale, l'autre apte à soustendre, grâce à son demi-affranchissement par rapport au reste du corps, un nombre incalculable d'états mentaux, collaborent à l'éclosion d'inventions psychiques de valeur et de psychoses d'une infinie variété. Sain ou atteint à un degré quelconque par hérédité, par accident, ou encore pour avoir inscrit en lui, en caractères physiologiques, un double de quelque mauvaise page vécue par l'âme sous l'influence d'une ambiance morale défectueuse, notre cerveau paraît aussi complaisant à seconder jusqu'aux fantaisies les plus invraisemblables de notre esprit, que celui-ci paraît capable de faire preuve d'initiative et d'imposer à l'autre de le suivre où il lui plaît d'aller. Bref, si l'on peut, et l'expérience prouve que c'est possible, agir directement sur un esprit, *c'est que l'esprit peut par lui-même quelque chose ;* et il est ainsi parce que son organe matériel, le cerveau, *ce cerveau dont il a cependant sans cesse besoin, est relativement indépendant du reste du corps,* — étant donné d'autre part que, *dans la mesure même où le cerveau est affranchi de l'organisme qui le contient, il devient propre à servir l'esprit* avec une docilité surprenante, un esprit qui semble merveilleusement puissant par lui-même puisqu'il est capable de s'accommoder si bien des conditions de fonctionnement de son organe, qui sont tout matérielles.

Insistons, c'est opportun, sur le fait de l'influence prépondérante, en tant de cas, du groupe des phénomènes d'ordre mental par rapport au groupe des phénomènes d'ordre physiologique sur lesquels les premiers reposent. Rien de plus instructif en l'espèce que ce fait, car où donc la masse des causes matérielles devrait-elle être incomparablement plus grande que celle des effets mentaux, sinon dans les cas où il est évident que l'action des premières fut initialement unique, et que l'âme n'a dû, très probablement, être pour rien d'abord dans la production des phénomènes dont elle se trouve être le théâtre ? A ceux que ne feraient point réfléchir, par exemple, la richesse et l'originalité d'un esprit génial, comparées à l'insignifiance des mouvements cérébraux qui accompagnent l'activité de cet esprit *et qui ne diffèrent pas tellement,* après tout, *de ceux qui ont lieu dans un cerveau d'imbécile,* nous demanderons comment, lorsque l'esprit est dérangé, il est possible que les symptômes psychiques morbides l'emportent souvent en volume, en durée, en importance, sur le dégât organique qui a troublé le jeu de nos cellules corticales et des fibres qui les unissent. Il arrive que le trouble de ce jeu, quelque bruyant et pittoresque que soit le trouble mental qui lui correspond, est cependant si superficiel qu'on est tenté de le croire purement « fonctionnel » ; le dégât matériel est si faible, parfois, qu'il semble qu'il suffirait et qu'en effet il suffit d'un effort mental pour rétablir plus ou moins vite l'ordre normal. Et lorsque la cause physiologique morbide d'une psychose est appréciable et persistante, que se passe-t-il encore très souvent ? Les effets psychiques de cette cause, même alors, décèlent une inventivité, une fécondité dont le cerveau ne peut rendre compte à lui seul ; bien plus, ils sont encore en général fortement *liés entre eux par des nœuds logiques* ; jusque dans un grand nombre de délires, ils demeurent *marqués au coin de l'activité de l'esprit* ; un reste de *normalité* et d'*initiative spirituelles* demeure visible à travers la psychose et colore plus ou moins le mauvais produit mental dont un mauvais cerveau fut, incontestablement, le générateur unique à l'origine. C'est pourquoi l'aliéniste, si même il ne peut exercer sur un esprit aucune influence curative, peut cependant, toujours, avec sa mentalité normale à lui, exercer sur cet esprit quelque action au moins dérivatrice, et cela dans les cas de folie les plus authentiques. — Mais à quoi se réduit donc, le plus souvent, la tâche du pédagogue et celle même du psychiatre? A prévenir des déviations psychiques et morales *où l'ambiance sociale pousse plus que ne fait l'organisme, déviations rarement graves au début*, à prévenir ou à soigner des *psychoses légères*, soit connexes à des crises très normales, comme celle de l'adolescence, soit connexes à quelque état maladif qui n'est point fatal à la santé cérébrale. En ces divers cas, il y a également du physiologique, car *l'influence sociale elle-même se traduit par des modifications cérébrales* concomitantes aux phénomènes psychiques qu'elle cause chez les individus chaque fois qu'elle s'exerce sur eux ; mais, dans tous ces cas, *le mal matériel est peu profond*, et, d'autre part, *ce qui lui répond psychiquement est toujours relativement considérable*. Notons avec joie ces deux derniers faits, car il suit de l'un que nous pouvons nous dispenser fréquemment de chercher ce que dans bien des cas nous ne trouverions pas, à savoir un remède matériel efficace à un mal matériel sous-tendant un mal mental ; et il suit de l'autre que nous pouvons nous appliquer souvent, avec de grandes chances de succès, à traiter *directement* le mal mental, qui est, lui, très apparent, qui offre prise à une action variée, qui forme plus ou moins un tout à lui tout seul, et qui n'est pas toujours enraciné dans le cerveau à la profondeur que certains pensent. Oui, il arrive que l'esprit soit plus maniable que le corps, même médicalement ; sans doute, soigner un esprit sans soigner un cerveau est impossible ; mais le cerveau est si plastique — c'est de tous nos organes le plus longtemps perfectible — qu'il se laisse améliorer par le psychiatre en nombre de circonstances où la médecine courante est prise de court à son sujet. Même, il y a en lui de telles ressources, et il y a un si haut degré d'indépendance dans l'énorme activité de notre vie psychique, que le psychologue avisé peut influer sur des forces mises en mouvement par l'hérédité elle-même, qu'il revient plutôt cependant à la médecine courante de fortifier ou de combattre. Si le pouvoir du psychiatre peut aller aussi loin, jusqu'où n'ira point celui du pédagogue ayant affaire à des êtres sains et normaux, n'ayant d'autre tare que l'inéliminable faiblesse humaine ?

Désire-t-on plus de précision encore ? Voici le mécanisme de toute éducation et de toute rééducation (1). Commençons par considérer le psychiatre appliqué à rectifier le jugement ou les sentiments de quelque névropathe. Il parle à son client, il introduit en sa mentalité des états de conscience sains. Mais que

---

(1) Voir *Le Mécanisme de la Psychothérapie* dans la *Revue philosophique*, janvier et février 1911.

s'opère-t-il chez ce dernier ? En vertu d'une loi nécessaire de la nature, son cerveau se met simultanément et se met très bien, au moins pour quelques instants tout d'abord, à l'unisson de la conscience saine qu'on lui fait artificiellement ; en d'autres termes, *son cerveau redevient sain d'une manière au moins momentanée.* Mais la nature, on le sait, favorise tout ce qui est conforme à la normalité ; d'autre part, tout état cérébral, réalisé ne fût-ce qu'une seule fois, tend à engendrer une habitude ; enfin le pli que le psychiatre réussit à faire prendre un instant à un cerveau coïncide en général avec quelque trace d'un pli ayant existé antérieurement, puisque dans la règle son but est de refaire quelque chose qui s'est défait. Aussi l'état sain artificiel du cerveau tendra-t-il à se confirmer, *source, pour l'avenir, d'un psychisme meilleur.* Peu importe si le psychiatre croit avoir fait de la médecine purement psychique ; il en a fait, certes, et il en a fait faire à son client, car il a fallu tout d'abord que ses paroles trouvassent un écho dans la pensée de celui-ci, et la pensée du malade a travaillé, sous l'impulsion des paroles entendues, avec une initiative qu'il serait insensé de contester, avec une initiative dont le caractère spirituel est évident. Mais si le psychiatre réussit sa cure, il y a eu aussi bien autre chose : non seulement chaque pensée introduite par lui dans l'esprit de son client et chaque pensée spontanément éclose chez ce dernier à la suite des suggestions reçues ou de ce que celles-ci ont logiquement suggéré à leur tour au malade ont dû, pour être effectivement pensées, l'être avec le secours d'un cerveau assez sain encore pour permettre un tel travail, mais de plus le cerveau a dû lui-même changer d'habitudes, orienter son activité dans un sens plus ou moins nouveau, acquérir ou retrouver la faculté de fonctionner avec aisance et spontanéité de façon à favoriser, par la suite, une vie psychique plus correcte. Bref, le succès du psychiatre n'est complet que si, grâce à son intervention, il se déclenche dans le cerveau de son malade une série de phénomènes constituant, à la lettre, *une véritable auto-médication.* Celle-ci joue un rôle nécessaire entre ses tentatives, qui sont d'ordre psychique, et leurs résultats, qui sont aussi finalement de cet ordre ; mais entre les premières et les secondes *il y a un intermédiaire physiologique invisible,* qui est d'une grande importance. Le psychiatre ressemble donc au médecin ordinaire plus qu'il n'y paraît ; en un sens, il ne fait autre chose que de la *médecine matérielle indirecte* et il *ne fait que par ricochet de la médecine psychique;*sans en avoir l'air, il guérit l'âme par le corps, sous couleur de guérir l'âme par l'âme même ; l'âme, son action ne fait que la *traverser ;* c'est ce qu'il produit, ou plutôt suscite dans le cerveau à travers elle, qui prépare la guérison mentale et qui l'assure. Les deux médecines sont, en définitive, très harmonieuses ; la psychique est intelligible en partie par l'autre, elle lui est en quelque sorte sécante. Mais le matérialiste se méprendrait s'il espérait tirer profit de ces conclusions, car si l'on fait totalement abstraction du rôle de l'esprit dans la médecine psychique, si l'on oublie que le cerveau, si habile à favoriser l'amendement du mental, est tout plein de chemins frayés par la pensée depuis un nombre incalculable de générations, si, enfin, on ne rapporte pas à un travail sourdement mais puissamment intelligent le montage progressif de cette étonnante machine à penser *dont la santé comme organe coïncide,* et c'est merveille, *avec sa santé comme instrument de fonctions mentales sans ressemblances avec ses fonctions physiologiques,* on ne comprend plus absolument rien aux succès de la psychiatrie. Acceptons donc la métaphysique qui rend ceux-ci intelligibles. Le spiritualisme, le véritable, sait y voir clair et le sait seul.

Entre la rééducation d'un névropathe et l'éducation d'un normal, il y a un intermédiaire : *l'éducation ou la rééducation d'un être qu'aucune hérédité précise ne condamnait à avoir une mentalité pauvre et mauvaise, mais qui ne fut pas élevé ou qui le fut mal.* Nous vîmes récemment auprès de Bologne une vingtaine de petits malheureux de ce genre, qu'une jeune fille d'un grand cœur et d'une intelligence supérieure arrivait à sauver psychiquement et moralement, rien qu'en les soumettant pendant quelques mois à des procédés d'éducation en tout point pareils à ceux qu'emploient les bons parents et les bons maîtres quand ils sont psychologues. L'expérience tentée dans la villa Carducci à Castel-Guelfo par Mlle G. Francia avec un plein succès depuis trois ans démontre combien, à mesure que les causes du mal sont plus uniquement sociales, il est plus aisé d'en atténuer les effets et d'atteindre au point même où s'enracine, dans le cerveau, le principe direct de ces effets ; où la cause du mal est d'origine surtout sociale, le cerveau n'est atteint, même dans des cas très graves, que d'une façon très superficielle ; aussi un traitement tout psychique est-il suffisant pour peu qu'il soit habile, continu et persévérant. Qu'on ne dise point : « Par l'éducation, on ne soigne que le symptôme ! » Non, le psychiatre, le rééducateur *atteignent la cause immédiate du mal en soignant le symptôme*, qui est en l'espèce telle idée perverse, tel mauvais sentiment : en vertu de la loi nécessaire qui fait correspondre à tout état de conscience un état cérébral déterminé, quiconque a pu tant soit peu modifier chez un sujet un état de conscience a influé sur son cerveau ; si ce cerveau se prête avec quelque aisance à une manipulation de ce genre, l'amélioration mentale subséquente est probable, car, à travers l'effet, la cause immédiate (l'état cérébral) a été atteinte, et la cause première, la cause initiale et lointaine (dans notre exemple la mauvaise influence sociale) est paralysée du même coup.

Mais s'il est vrai que fréquemment la rééducation d'un psychisme altéré ou fruste, ou l'éducation d'une mentalité qui n'avait pas été éduquée, sont possibles et le sont parfois même en un temps assez court, quelle douleur de constater qu'on profite si peu, pour les normaux eux-mêmes, du pouvoir immense dont on disposerait sur leur cerveau et sur leur pensée, sur leur cerveau par leur pensée, sur leur pensée de demain par leur cerveau d'aujourd'hui ! Avec eux, il suffit le plus souvent de parler à l'âme pour que le cerveau se mette à travailler de façon que l'âme rende sans tarder, avec force et pour longtemps, le son qu'il faut, un son semblable à celui des paroles qu'on a fait entendre, quelquefois plus riche et plus beau. Etant donné la faiblesse humaine, qui se manifeste chez les meilleurs même, *toute éducation est toujours un peu psychiatrie ;* d'ailleurs on moralise surtout aux moments où quelque faute vient d'être commise ; on rééduque sans cesse en éduquant. Mais, nous l'avons vu, psychiatrie et rééducation sont possibles ; à plus forte raison l'éducation, qu'en revanche nous avons retrouvée *au sein même des deux autres,* dont elle est l'âme, est-elle susceptible d'efficacité : ici, en effet, presque rien à défaire avant de faire ; les pierres s'assemblent d'elles-mêmes au son de la lyre ! Dans les trois cas que nous avons distingués, tout pareil est le mécanisme psychophysiologique ; mais, du premier au troisième, le mécanisme est de plus en plus spirituel et le cerveau lui-même se meut avec une facilité, avec un entrain croissants, dans le sens de l'esprit.

Toutefois, le premier devoir de l'éducation demeure celui sur lequel nous avons mis d'abord l'accent. Avant, par exemple, de s'adresser à l'âme d'un enfant apathique ou irritable, il faudra faire procéder à son examen physique ; peut-être a-t-il des végétations adénoïdes, des polypes dans le nez ou une conformation de cet organe d'où résulte soit une congestion du tissu caverneux, soit une irritation des expansions locales du trijumeau ; s'il en est ainsi, une opération s'impose que suivra la disparition, premièrement des symptômes d'asthénie ou des menaces d'épilepsie, secondement des défauts psychiques et moraux connexes ; il y avait certainement de l'hérédité chez l'enfant considéré. Mais si son organisme et son ascendance paraissent sans reproche, il est très probable que la source de ses défauts est à peu près exclusivement dans l'influence, dans la manière d'être et d'agir de son ambiance, et que le jeu de son système cérébro-spinal n'est que très superficiellement faussé par la mentalité que les circonstances ont imposée à son âme ; le psychiatre est alors le médecin tout indiqué, et souvent un bon éducateur pourra suffire ; leur médecine à eux sera la seule efficace ; ils répareront aisément par des moyens psychiques un mal de source toute psychique et fait de plus de lacunes que d'éléments positifs, car le mal physiologique sous-jacent au mal psychique est assez léger pour céder à de tels moyens.

Avant d'indiquer les principes les plus généraux dont éducateurs et rééducateurs doivent s'inspirer, prévenons un malentendu (1). Il y a dans l'éducation deux parties, sur trois, qu'il est parfois difficile ou même inutile de séparer en fait, mais qu'il est toujours légitime de distinguer en droit, ce qui prouve qu'il peut être éventuellement indispensable de ne pas les confondre dans la pratique elle-même : il y a l'éducation rigoureusement morale, et tout le reste de l'éducation de l'âme, éducation que l'on pourrait appeler « psychique » faute d'un meilleur mot. Pour l'éducation physique, elle ressortit à cette Hygiène, à cette Médecine que nous avons considérées en premier lieu. Ces dernières préludent à la moralisation en soignant les maladies, en les prévenant, et tout ce qui concerne l'hérédité les regarde spécialement, au moins pour commencer. Or, nous pensons l'avoir montré assez clairement déjà : des deux parties de l'éducation qui ne rentrent pas dans la Médecine courante, l'une n'est encore, comme celle-ci, qu'un moyen de rendre l'homme moralisable, et l'autre, dont nous n'avons à peu près point à parler étant donné le but de ce travail, est la moralisation proprement dite. Nous tenons au plus haut point à faire valoir ici la puissance de la première de ces deux éducations comme prélude indispensable de l'autre, comme jouant par rapport à celle-ci *un rôle assez semblable*, toutes réserves faites, *à celui de la Médecine même*. Que fait donc le psychiatre jusque dans les cas où son intention principale est de corriger un défaut moral ? Il s'applique à modifier le caractère tout entier de son malade, à stimuler et à rectifier sa

---

(1) Voir notre ouvrage intitulé *L'Education morale rationnelle* (Paris, Hachette).

raison, à le rendre plus apte à vouloir ; il s'attaque à la moindre des idées fixes et des obsessions qu'il découvre en lui ; il l'imprègne d'idées et de sentiments propres à étouffer le défaut moral, à le rendre impossible ; et lorsqu'il s'en prend directement à ce défaut même, ce qu'il ne fait jamais au début, il l'analyse et le combat encore en psychologue. Et l'éducateur ou le rééducateur d'enfants moralement inférieurs ? Partout où il réussit, il a visé à trois choses surtout, ainsi qu'on fait à Castel-Guelfo : *à éveiller chez ses pupilles de l'intérêt pour quelque occupation, des sentiments affectueux pour leur entourage, et le désir d'être estimés ;* ces résultats sont-ils obtenus, on sait par expérience qu'il sera possible de greffer, sur un psychisme déjà plus proche de la normale et où s'est ébauchée une moralité toute « matérielle », comme diraient les théologiens, une moralité véritable. Enfin, de tout temps, les éducateurs sagaces d'enfants normaux ont instinctivement senti qu'ils devaient *s'appliquer d'abord à faire des esprits justes et droits, des cœurs bons et fiers ; que les sentiments strictement moraux sont, ainsi que les concepts connexes, infiniment trop abstraits pour être enseignés très tôt ; qu'ils ne signifient rien pour une âme et ne trouvent en elle aucune place pour s'y insérer s'ils n'y rencontrent pas, déjà développées, des idées et des manières de sentir, de juger et d'agir qui n'ont rien, sans doute, de proprement éthique, mais qui ont cette valeur d'être raisonnables et normales en tout point.* — En somme, la moralisation a deux préfaces : la seconde, c'est l'éducation psychique, l'éducation générale, extra-morale si l'on préfère ; et la première, c'est la Médecine qui l'écrit, la Médecine qui enseigne à quelles conditions les bases physiques de l'éducabilité en général peuvent être construites et, au besoin, réparées.

Esquissons maintenant à grands traits le tableau des principes de cette Hygiène mentale, plus ou moins mêlée d'une Thérapeutique de même ordre, dont l'application, surajoutée à celle des principes de la Médecine matérielle, peut achever de rendre l'homme moralisable ; toutes les Sciences anthropologiques doivent contribuer à les établir et peuvent concourir à les perfectionner, mais on aurait tort de méconnaître — et l'on ne méconnaît plus depuis quelques années — que la Psychologie de pure observation est, de toutes ces sciences, la plus instructive en l'espèce (1).

Pendant la première enfance, l'éducation doit se réduire à une sorte de *dressage ;* il importe alors, en particulier, d'habituer l'enfant à vivre de régime quant aux heures de ses repas et à celles de son sommeil ; on le prépare ainsi à ne point faire de sa fantaisie la règle de sa vie, on lui rend familier le sentiment qu'il est des volontés pouvant, devant même fatalement s'opposer à la sienne, le sentiment de normes dont il faut en fait qu'il tienne compte ; les préceptes de la Morale personnelle et de la Morale sociale ne seront aisément entendus et acceptés de lui, plus tard, que si sa mentalité a été *mécaniquement* façonnée par une telle propédeutique. Il importe aussi de s'ingénier pour maintenir à un certain degré, sans lui permettre de tomber au-dessous ou de s'élever au-dessus, sa réactivité aux excitations extérieures, qu'il s'agisse des choses ambiantes ou des personnes de l'entourage ; car l'allure générale de sa mentalité future dépendra grandement *de la qualité, de la quantité et de l'intensité des réactions — sensations et mouvements — provoquées à cet âge.* Rappelons une fois encore qu'aucun état psychique n'est sans modeler le cerveau, sans le fatiguer ou le tonifier, sans l'orienter bien ou mal, et que, de tous les phénomènes mentaux, *les plus conditionnés par le reste de l'âme* (où tout est solidaire de tout), ce sont les phénomènes de l'ordre moral. Vers la troisième année, une *émotivité proprement humaine* apparaît, vive et charmante ; la blesser ou l'aviver trop est également dangereux pour l'équilibre psychique qui en requiert un degré notable,

---

(1) Un des résultats les plus heureux des succès de la psychiatrie a été de remettre en honneur la psychologie individuelle ou monographique. Grâce au mouvement créé en France par Binet et en Allemagne par l'école de Würtzbourg, on reprend, pour les perfectionner, tous ceux des procédés de l'ancienne psychologie qui méritaient d'être employés concurremment avec les nouveaux.

mais qui s'accommode aussi mal d'une sensibilité excessive que d'une qui serait détruite ou faussée. Le *cœur* de l'enfant s'ouvre à la *charité* avant que l'intelligence conçoive la justice, et comme celle-ci, celle-là se manifeste d'abord sous une forme toute instinctive ; il faut avoir soin de cultiver ce sentiment avant que l'enfant, arrivant à une idée nette de son moi, ne risque de devenir égoïste, ce qu'il n'est pas d'abord ; au début, l'enfant n'est qu'*hédoniste*, c'est-à-dire ami du plaisir, et avant de l'aimer surtout pour soi, il l'aime à peu près également, s'il est normal, pour lui et pour les autres. Vers la sixième et septième année, l'*intelligence* de l'enfant fait subitement de grands progrès ; son jugement se perfectionne à tel point qu'il devient capable de sentir avec une grande force *ce qui est juste*, et c'est heureux, car, plus conscient maintenant, il est en péril par là même de devenir égoïste. Qu'on profite du changement qui s'opère alors en lui pour lui donner l'amour de la sincérité, de l'exactitude, des notions vraies en toutes les choses qui sont à la portée de son entendement ; plus tard, l'injustice le révoltera comme une sottise, si dès maintenant vous avez travaillé à donner à son esprit cette *justesse* dont il manifeste le goût instinctif. A cet âge déjà, un peu de moralisation proprement dite est possible. Pendant la période de *demi-équilibre* qui va environ de la neuvième à la douzième année, et durant laquelle on constate d'ordinaire une prédominance considérable des *instincts pratiques,* le soin principal de l'éducateur doit être de confirmer les bonnes habitudes acquises et de favoriser les *aptitudes manuelles et sportives* qui sont générales à cet âge, en vue, d'une part, de rendre possibles pour l'avenir des amusements innocents et, d'autre part, de développer ce *sens du réel* qui est indispensable comme base d'un jugement sain en toutes choses ; l'utopiste, l'esprit faux est bien souvent un homme maladroit de ses mains et sachant mal se servir de son corps ; que de fautes morales dues à des raisonnements dont le vice originel est dans l'absence de ce sentiment du réel où le professeur Pierre Janet voit le caractère principal de la santé psychique ! Et qu'on ne croie pas qu'on peut avoir ce sentiment en ce qui concerne la personne propre, ou l'idéal moral, quand on ne l'a point en ce qui concerne les choses concrètes, matérielles ! Au reste, ne fît-on, à l'âge dont il s'agit, que d'empêcher beaucoup de mal, ce serait encore un grand gain.

Bien que l'adolescent, s'il est normal, soit déjà susceptible, dès le début, de recevoir une instruction morale véritablement technique (1), une partie considérable de son éducation doit encore consister en *préparations psychiques*, et cela parce que l'adolescence est une crise, parce que celui qui en est encore à cette crise est un être inachevé, non en possession de tout ce qui est nécessaire pour comprendre à fond cette science des mœurs qu'Aristote, un peu pessimiste, croyait possible seulement aux hommes avancés en âge. Dans l'adolescence, deux périodes à distinguer nettement, *l'une marquée par une tourmente émotive où les sens ont une grande part, l'autre marquée par un accroissement énorme et rapide des facultés intellectuelles* ; bien entendu, ces caractéristiques ne sont pas les seules, mais nous nous bornons ici à l'aspect psychique de la crise et à l'indication de l'essentiel. Pendant la première période, toutes les interventions de l'éducateur doivent tendre spécialement *à distraire* l'adolescent des préoccupations malsaines qui obsèdent les meilleurs à certains moments, et à *dériver*, à *canaliser* son impérieux besoin de sentir vivement, en fournissant au *noble enthousiasme* encore sans emploi que tous ressentent aussi à certains moments un aliment digne de lui : trouver à l'activité mauvaise, qui autrement se déploierait, des *substituts*, des *équivalents*, en puisant à cette fin dans les ressources, si riches, d'activité normale et louable qui

---

(1) Ici même, l'éducateur doit se montrer psychologue ; si nous ne parlons à peu près point de l'habileté psychologique qu'il doit avoir lorsqu'il fait proprement œuvre de moraliste, c'est que nous avons cru devoir faire consister le plus important de la moralisation dans sa préparation, dans l'éducation générale qui rend apte, si elle est bien donnée, à absorber sans difficulté aucune et même avec un enthousiasme tout spontané, l'enseignement moral au sens strict de cette expression.

coexistent à cet âge avec les tendances les plus fâcheuses, tout est là jusqu'au moment où s'annonce la seconde période de l'adolescence, le long de laquelle, d'ailleurs, des traces de la première persistent longtemps plus ou moins. Il n'est, d'une manière générale, aucune phase de la vie humaine où la *puissance des idées* s'affirme plus fortement qu'alors : raisonneur, comme on l'est à tort et à travers ! mais on a cette beauté d'aimer les idées, d'y croire, de se plaire à de longues et subtiles séries de propositions enchaînées avec art : moment précieux si l'éducateur veille, car d'un être qui risque de se faire pour tout le reste de son existence une intelligence de sophiste — et l'on sait où cela mène *moralement !* — il lui est souvent aisé de faire un esprit droit, juste, enthousiaste pour la vérité et par suite pour ce département du Vrai qui est le Bien, *un esprit positif jusque dans ses élans les plus généreux*, prévoyant, pondéré, qui entrera dans la jeunesse proprement dite avec une vocation réfléchie, qui s'encadrera dans la société avec les plus solides garanties pour elle et pour lui (1). *La première période de l'adolescence est, semble-t-il, spécialement propice à l'acquisition des habitudes et des sentiments qui forment la base des vertus personnelles ; la seconde, durant laquelle l'horizon de la pensée et de l'action s'étend progressivement, est spécialement propice à l'acquisition des qualités formant la base des vertus sociales.* Mais qu'on ne perde pas de vue que la grande *plasticité* de l'adolescence tout entière est faite en partie de *faiblesse*, d'une faiblesse qui porte un nom que l'on prononce à chaque instant en pathologie, nous voulons dire *de la suggestibilité* ; la grande éducabilité de l'adolescent n'est pas due seulement à ce qu'il est un être

---

(1) Il serait antiscientifique au dernier point de rejeter le vieil idéal de l'âme maîtresse du corps ; en réalité, l'esprit arrive à se modeler, dans les cas les plus favorables, un cerveau et des nerfs qui sont les instruments très dociles de la domination de l'esprit ; et les idées ont comme un pouvoir propre, elles sont ces puissants mobiles que vingt-quatre siècles après Aristote on peut encore, avec M. Fouillée, reconnaître comme des forces ; leur force intrinsèque, la raison profonde du pouvoir qu'elles exercent sur l'esprit, c'est leur vérité, c'est leur beauté.

encore neuf, facilement généreux et avide d'idées, mais encore à ce qu'il est instable, impressionnable à l'excès, très proche dans les meilleurs cas de l'hystérique : de là le mal irréparable *qu'un seul mauvais exemple, qu'une seule mauvaise action* qu'il s'est permise peut lui faire ; il peut être psychiquement et moralement *plus vulnérable que l'enfant lui-même*, jusque vers la fin de la période considérée. D'ailleurs il est sujet à des *idées fixes*, à des *obsessions*, à des *psychoses* de toute sorte dont il est indispensable de se soucier ; il faut savoir dépister les « constellations » d'états mentaux de mauvaise qualité et leurs « irradiations » diverses, qui peuvent faire des ravages chez les meilleurs adolescents si seulement ils ne sont point intelligemment assistés, à plus forte raison s'ils sont mal entourés. Au sujet de la jeunesse proprement dite, nous ne ferons qu'une seule observation qui est d'une importance toute particulière au point de vue social. Les jeunes gens des classes peu cultivées, tout en étant guettés plus tôt par l'*involution*, paraissent conserver, à l'époque du service militaire, une aptitude — oh combien passive ! — à se transformer, qui dépasse de beaucoup celle des jeunes gens des classes supérieures, de ceux du moins qui ont été insuffisamment formés : ce qui serait possible à la caserne pour le développement ou l'amendement de leur mentalité tout entière, nombre d'officiers le savent aujourd'hui ; puissent-ils faire école ! En coordonnant leurs efforts, ils pourraient faire autant pour la défense morale de la société en temps de paix qu'ils font pour la préparation de sa défense en temps de guerre (1).

Nous l'avons dit déjà, lorsque la rééducation est grandement possible, elle s'opère à l'aide de procédés

---

(1) On pourrait parler aussi d'une éducation de l'adulte par la mutualité, la coopération et même le syndicat ; mais on ne sait que trop combien, faute d'être suffisamment normaux et d'avoir reçu dans leur jeunesse une éducation saine, les adultes font souvent de mauvaise besogne collective. Les demi-fous non ou mal élevés abondent dans les associations populaires où l'on ignore d'autre part, le plus souvent, les éléments des sciences économiques et sociales comme des autres.

qui ne diffèrent pas à fond, en général, de ceux de l'éducation. Est-elle très difficile ? elle doit employer des moyens plus spéciaux, plus artificiels ; mais il suffirait de multiplier le nombre des établissements où l'on sait déjà la pratiquer, pour relever le niveau psychique et moral d'une foule de jeunes êtres qui sont précisément ceux parmi lesquels se recrute la majorité de nos criminels et de nos assistés les plus coûteux de toute sorte. Quant aux enfants les moins éducables, ils sont de deux catégories : les uns, très nombreux, peuvent encore être mis en état d'exercer quelque métier et de vivre tant bien que mal, plus ou moins surveillés, sans être dangereux pour la société ; pour les autres, combien il serait plus prudent, plus humain et moins onéreux de ne jamais les laisser en liberté, ainsi d'ailleurs que nombre de ces clients des tribunaux dont, à défaut d'un examen médico-psychologique, les récidives prouvent qu'ils ne sont point curables.

Résumons-nous et concluons. *Pour être moralisable, l'homme doit d'abord être normal, c'est-à-dire être un bon animal ;* ne l'est-il point ? il est fatal, dans un nombre infini de cas, qu'il reste comme homme, à plus d'un point de vue, *au-dessous de la moyenne*. Mais sa destinée étant d'être un *sur-animal*, il ne suffit pas qu'il hérite d'un corps sain, il ne suffit pas que l'hygiéniste et le médecin puissent voir en lui un animal conforme à la bonne formule ; il faut qu'il soit *élevé* (1) ;

---

(1) Plus un animal est placé haut dans la hiérarchie zoologique, plus il est nécessaire que ses parents ou d'autres êtres de son espèce ajoutent d'une manière ou d'une autre, par l'éducation, à son apport d'héritier. A plus forte raison en est-il ainsi chez l'homme, car ici la perfection de la normalité cérébrale ne se définit pas seulement en fonction des conditions cérébrales qui assurent l'intégrité physiologique du cerveau et l'adaptabilité du possesseur de ce cerveau à son ambiance, elle se définit aussi en fonction d'un idéal supérieur supra-biologique, qui n'est pas encore, qui jamais sans doute ne sera intégralement traduit dans des dispositions cérébrales congénitales rendant tout naturels la conception et l'amour de cet idéal. C'est pourquoi l'enfant le plus capable de normalité ne peut devenir effectivement normal sans éducation, spécifions : sans une éducation rigoureusement psychique et morale dont l'économie n'a rien à emprunter à cette Hygiène et à cette Médecine matérielles, que pourtant elle suppose tout d'abord obéies et respectées.

il faut, pour qu'il soit en état d'atteindre au développement mental et moral dont il est capable, *que son cerveau, que son écorce cérébrale spécialement, soient propres à faire de bon psychisme, et ce résultat, l'éducateur psychologue est seul outillé pour le réaliser ;* son hygiène, sa médecine à lui sont *les seules* qui puissent, indirectement il est vrai, mais qu'importe, mettre un cerveau humain au point pour régir de façon vraiment humaine le reste de l'animal que nous sommes et que les passions les plus condamnables menacent d'entraîner d'autant plus loin, d'autant plus bas, que notre intelligence se prête à les servir comme à les combattre. Si la collaboration du médecin et de l'éducateur, favorisée par les pouvoirs publics et par l'opinion, opérait tout le bien dont elle serait capable une fois organisée et généralisée, la plupart des éléments de ce vaste ensemble qu'on appelle la « folie morale » à ses divers degrés seraient ou détruits ou plus ou moins paralysés, et c'est la Science, en somme, qui aurait permis à ce miracle de s'accomplir.

Les pouvoirs publics, fussent-ils animés des meilleures intentions, sont pauvrement armés pour promouvoir le bien, et même pour prévenir ou réparer le mal en quelque domaine que ce soit. A ce dernier point de vue, toutefois, leur puissance est certainement bien plus grande, surtout en ce qui concerne la préservation des jeunes. Mais qui donc les contraindra à édicter les lois salutaires, qui votera ces lois, qui saura retirer de leur application des fruits vraiment heureux, si ce n'est les hommes normaux, moraux parce que d'abord normaux, les hommes sains, accessibles aux idées justes et aux sentiments généreux ? Oui, la société peut quelque chose pour l'adulte lui-même et par la voie législative, mais à condition que l'adulte ne soit point gâté à fond, qu'il soit capable, par exemple, de profiter d'une hausse de salaire ou d'une diminution des heures de travail pour faire autre chose que de boire davantage et plus longtemps chaque jour ; c'est seulement s'il a été rendu prévoyant et ami des loisirs ennoblissants que les lois sociales favorisent son perfectionnement éthique ; autrement elles ne favoriseront que sa tendance à compter sur la société pour la satisfaction de ses besoins et de ses fantaisies. En Danemark, les lois sur l'alcool produisent de bons effets parce que la réforme de l'éducation nationale a opéré d'abord un grand changement dans les âmes ; sans cette réforme, on boirait là comme en Russie. On prêchera en vain le bien, on promulguera en vain les meilleures lois si l'on n'a tout d'abord régénéré les individus, et très jeunes, conformément aux principes d'une médecine exigeante et d'une éducation scientifiquement organisée ; grâce à elles, on pourrait créer rapidement un milieu moral très sain où la pratique de tous les préceptes de l'Ethique, de ceux-là mêmes qui exigent le plus de sacrifices et le plus de savoir et le plus d'habileté, deviendrait aussi naturelle, ou presque, que leur violation est aujourd'hui naturelle à tant d'hommes.

*
* *

Maintenant, est-il vrai que la presque totalité de la matière de nos obligations consiste en quelque chose de *négatif,* que la plupart de nos devoirs ont pour objet de prévenir ou de détruire un mal physique, psychique ou moral ?

Nul ne pourrait contester cela ; le nombre est extraordinairement petit des devoirs vraiment *positifs* au sens technique de ce mot, de ceux qui n'ont point pour fin d'atténuer, de détruire ou d'empêcher un mal. Mais que sort-il de là, en ce qui concerne la partie de notre présent travail où nous entrons ? C'est qu'elle est à peu près faite implicitement ou même expressément. En effet, si, comme il est certain, le plus élevé, le premier en droit des devoirs est *de rendre l'homme capable de moralisation,* on le connaît lorsqu'on sait ce que peuvent la Médecine et la Science de l'éducation sur l'adolescent et sur l'enfant dès avant sa naissance. Reconnaît-on que la *misère économique,* qui favorise alcoolisme et débauche, lesquels l'accroissent à leur tour, joue en fait un rôle capital dans la production des infirmités physiques et des infirmités morales, qui s'appellent les unes les autres et réagissent sur les causes dont elles proviennent pour les renforcer sans cesse ? Qu'on se reporte à ce qui a été établi : certes, le rôle est grand ici de la misère économique, responsable à un haut degré de la *misère physiologique* dont procèdent à la fois, se favorisant les unes les autres, toutes les dégradations des âmes et des corps ; mais la première de ces deux misères ne s'atténuerait-elle pas et ne produirait-elle pas moins de navrants effets si l'Hygiène et la Médecine, si la Science de l'éducation intervenaient plus activement dans la vie humaine ? Avec des riches et des pauvres moins tarés, que la société marcherait vite vers plus de paix, quel zèle ardent et intelligent pour le bien public d'une part, et d'autre part quelle sagesse au lieu de cette envie brutale qui ne retarde pas moins le progrès social que l'égoïsme et l'avidité des pires exploiteurs du peuple !

Quelques exemples suffiront pour montrer avec précision quel rôle peut jouer la Science dans la réforme de l'Ethique pratique, pour laquelle, nous l'avons vu, il lui appartient déjà de préparer de fidèles observateurs de ses lois (1). Nous laissons de côté, autorisés à faire

---

(1) Si l'on déduit, des causes plus ou moins directes du mal, tout ce qui tient à l'hérédité mauvaise et à des états défectueux plus ou moins accidentels de l'organisme — bref, ce qui ressortit surtout à la Médecine courante, — et d'autre part tout ce qui tient à des conditions psychologiques plutôt individuelles — bref, ce qui ressortit surtout à la Science de l'éducation et à la Médecine psychique, — il ne reste, dans l'étiologie du mal, à considérer que les mœurs, les coutumes et les institutions sociales objectionnables. Contre celles-ci, la Science, sous des formes parfois très différentes, nous le reconnaissons, de celles dont nous avons principalement parlé, dispose encore d'un grand pouvoir ; mais ceci, nous l'avons admis dès le début de ce travail. Toutefois nous rappellerons une fois encore que la société ne fera le bien qu'il lui est possible de faire, qu'elle ne saura et ne voudra organiser la justice sociale et assurer l'avenir des réformes qu'elle entreprendra, que si tout d'abord elle a été assainie et réformée grâce à une application assez intense déjà des préceptes des deux sortes d'Hygiène et de Médecine sur lesquelles nous avons insisté ; pour qu'on veuille en masse, par conscience, obéir aux préceptes de ces sciences et à ceux qu'il est possible d'établir en s'inspirant d'autres sciences encore, il faut qu'au préalable les deux Hygiènes et les deux Médecines aient déjà réalisé un haut degré de régénération sociale.

cette omission par les remarques qui précèdent, tout ce qui se ramène aux devoirs envers l'enfance et l'adolescence, les devoirs de famille par conséquent, dont la majeure partie a trait, au moins indirectement, à l'intérêt de la race dont nous avons assez parlé. Nous pourrions à peu près omettre aussi de parler des devoirs personnels ; ne se réduisent-ils pas à s'appliquer à soi-même les préceptes médicaux et psychologiques de toute sorte que l'on met en pratique comme père ou comme conseiller ? Simple affaire d'adaptation et de tact, car l'auto-éducation physique, psychique et éthique qui constitue le tout de la vie morale personnelle, ne diffère pas essentiellement de l'hétéro-éducation sous ses diverses formes. Notons cependant l'éminent service que la psychiatrie a rendu à la Morale pratique en permettant de voir, comme à travers un verre grossissant, les effets d'une auto-suggestion positive ou négative ou d'un entraînement psychique méthodiques. On peut puiser dans les livres d'un Dubois, d'un Déjerine, d'un Freud, de quoi apprendre à se mieux connaître et à se manager plus habilement, de quoi compléter ce qu'on a pu lire en des auteurs comme un saint Ignace et un saint François de Sales eux-mêmes. Poursuivons.

Pendant des siècles on a fait la charité d'une façon déplorable ; la Statistique, qui est une science, et l'une des plus considérables de toutes celles dont se peut glorifier notre temps, prouve que partout où prédomine l'ancienne charité, celle qui ne fait pas collaborer le pauvre à l'effort que l'on consent et à la générosité que l'on manifeste en sa faveur, n'aboutit qu'à accroître la misère, la paresse et tous les autres vices. Le psychologue s'explique fort bien que tel soit l'enseignement de la Statistique, et aussi qu'elle constate, partout où se développent les œuvres de prévoyance et de mutualité, un relèvement appréciable du niveau moral. Pour la justice aussi bien que pour l'assistance aux déshérités mentaux, il est clair que l'on ne peut approuver les opinions que nous avons émises tout le long de ce travail sans être d'avis que ces deux grandes fonctions sociales, la première comme la seconde, devraient être réformées de fond en comble : toutes leurs insuffisances viennent de ce que le médecin, le psychiatre, le psychologue et le moraliste ne jouent point ici tout le rôle auquel leurs compétences leur donneraient droit.

C'est en politique peut-être qu'il serait le plus difficile, à tous égards et pour mille causes, d'introduire l'esprit scientifique ; par exemple, comment mesurer la part de souveraineté de chaque citoyen à sa valeur morale ou tout au moins à sa valeur psychique? Or il est malheureusement certain qu'une partie très notable des électeurs sont peu normaux, et qu'une partie non moins notable de ceux-ci est psychiquement très peu développée ; Binet pensait que le niveau mental de la majorité des adultes sains, dans le peuple, n'était guère supérieur à celui d'enfants de douze ans d'aptitudes moyennes ; il avait fait à ce sujet des expériences nombreuses, concluant toutes de même. De ceci, retenons que l'on devrait le plus possible faire sans l'Etat les affaires d'intérêt public ; décentraliser est déjà quelque chose, mais il faudrait faire davantage : désétatiser à outrance ; par malheur, la chose est aussi difficile que le mot est barbare ; elle le sera moins quand l'homme, plus normal en masse, aura de sa dignité, de ses devoirs, du bien général, des idées plus justes. N'oublions pas les raisons que nous avons d'être optimistes ! Voici cependant, parmi d'autres, un fait propre à montrer ce que pourrait la Science dans le domaine législatif, un fait dont on pourrait tenir compte sans bouleverser auparavant tous les préjugés dont nous vivons. Le docteur Ladame, de Genève, a décrit sous le nom de « sinistrose » un cas médical singulier, une maladie nouvelle créée par nos lois ouvrières et prouvant, sur un point important, qu'elles ne sont point parfaites telles quelles ; il a établi que la perspective de toucher un salaire pendant tout le temps qu'il devra passer au lit maintient fréquemment inguéries chez un ouvrier, pour une période dont la longueur scandalise le clinicien, les plaies causées par des accidents arrivés en cours de travail, et cela sans qu'aucun procédé artificiel ait été employé pour faire durer ces plaies. La Science, dont les socialistes parlent d'un ton si arrogant, leur ferait des réponses qui souvent les étonneraient fort, s'ils l'interrogeaient elle-même, et non cet ambigu de science frelatée et de métaphysique simpliste dont ils s'éblouissent avec une pitoyable candeur.

Il existe, en particulier, trois devoirs dont il fut trop peu fait mention jusqu'à nos jours : le devoir d'enseigner le plus possible toute Science, celui de faire avancer le plus possible toutes les Sciences, et celui de perfectionner sans cesse l'Industrie, — mais sans oublier un instant de parer, aux inconvénients partiels pouvant résulter à plusieurs égards de son perfectionnement, par de nouveaux efforts dans le domaine de la Science pure, de la Psychologie et de la Sociologie aussi bien que des Sciences assurant à l'homme la maîtrise des forces physiques chimiques et biologiques. Toute invention d'un procédé agricole, industriel ou commercial nouveau permettant de satisfaire un besoin quelconque, a une valeur morale qui peut être incomparablement supérieure à celle d'une de ces bonnes actions souvent maladroites ou à effets bornés qui constituaient tout le bien aux yeux des anciens moralistes. Trouver le moyen de prévenir des accidents, de soigner des maladies, d'arrêter des souffrances, et cela en grand, par de savants moyens, c'est déjà faire en réalité le bien en grand, quand même le geste rappellerait peu celui, par exemple, de l'aumône ; et c'est faire un bien dont les conséquences proprement éthiques, d'autre part, peuvent être merveilleuses. Le seul fait de fournir à un certain nombre d'ouvriers un travail rémunérateur est fécond moralement ; non seulement l'on combat ainsi la misère économique d'une façon très sûre, mais on prévient mille souffrances physiques et l'on augmente dans la société le nombre des individus valides et forts : or faire de la santé est déjà moral par soi, et d'un autre côté l'action morale requiert la santé comme toute autre sorte d'activité ; combattre la misère économique avec les armes de la Science, c'est donc tout à la fois *réussir à faire l'office de la charité traditionnelle et concourir à la moralisation publique elle-même autant que le peut faire le zèle moralisateur le plus ardent* (1).

Nous reprochera-t-on d'avoir trop accordé à la Science ? La part de la Philosophie, de la conscience, du sens commun moral, du zèle éthique, nous l'avons faite sans hésiter, très large, dans un esprit très traditionnel ; en somme, nous avons dit : *La Morale de demain sera celle d'hier, plus pure, plus développée, mais ce sera elle encore, elle à jamais ; seulement, elle aura pour la servir une Science de plus en plus développée aussi, qui permettra de faire pour l'Éthique ce qui s'est fait pour l'Industrie : à des recettes empiriques peu fécondes on substituera graduellement des règles très fécondes fondées sur l'observation et l'expérience.*

Mais l'*Esthétique*, et surtout la *Religion*, qu'en faisons-nous ? — Pour la première, elle peut être un *adjuvant* de la Morale, mais le vin que verse la beauté ne fortifie que les forts, il enivre les autres, et c'est tout. Le beau n'est que le nom élogieux que nous donnons à ce qui produit en nous le plaisir esthétique, et celui-ci n'est que de la joie devenue abstraite, devenue idée d'elle-même, contemplée au lieu d'être jouie (2) » ; « nos plaisirs esthétiques dépendent de nos préférences en fait de plaisirs ordinaires ; la beauté du bien ne séduit que celui qui aime le bien jusqu'à mépriser au besoin la beauté, et celui qui veut monter l'échelle décrite par Platon risque de rester sur les premiers échelons s'il ne s'est d'abord pas pris d'une passion exclusive pour le Bien pur, qui

---

(1) Qu'il doive toujours rester une place, et considérable, dans l'activité morale, pour la charité de l'ancien type, et que les progrès scientifiques et industriels aient leurs dangers, il serait insensé de le contester. Mais à qui prêchera-t-on efficacement le don de soi, le sacrifice, le bon usage de toutes les découvertes, sinon à des hommes que l'on se sera d'abord appliqué à faire normaux et aisément moralisables?

(2) Voir *La Genèse de l'Émotion esthétique* dans les *Archives de Psychologie*, Genève, Kündig, 1904.

rayonne au sommet (1). » Ainsi donc, *moraliser d'abord*, avant d'orienter l'âme vers le bien par le beau, est une méthode prudente ; non seulement l'homme vraiment normal est le seul que la beauté inférieure ne séduira pas, mais cet homme normal, pour se pouvoir servir de l'amour du beau de façon à renforcer en lui l'amour du bien, et même pour ne point risquer d'aller, plus ou moins, du bien au mal, doit s'être cuirassé au préalable *de la moralité la plus vigoureuse, la plus intransigeante*.

Et quant à la Religion, qui est comme une Sur-Morale, et dont la plus haute fonction est de nous rendre en quelque sorte divins afin qu'à fortiori nous soyons, humainement, plus parfaits, nul doute qu'elle ne soit plus puissante sur nous que toute Philosophie ; mais son pouvoir ne s'exerce bien que *si elle trouve devant elle des âmes normales et déjà naturellement capables d'une haute moralité ;* autrement la Religion ne ferait, des âmes s'ouvrant à son influence, que des âmes bizarrement, voire follement mystiques, d'une honnêteté peut-être douteuse en ce qui ne concerne pas l'exactitude rituelle. Le résultat serait plutôt déplorable (2). Il en est d'elle comme de l'Esthétique, infiniment moins utile qu'elle, et de la Morale théorique, utile avant elle ; en vue même de faire régner cette dernière et la Religion avec elle, et afin que l'amour de la Beauté, loin de compromettre la moralité, la serve efficacement, veillons, veillons d'abord à faire des corps et des cerveaux sains et normaux : c'est là le premier devoir, celui où se résume la majorité des autres, celui dont l'accomplissement peut seul accroître sur la terre le nombre des bonnes volontés ; en même temps que ce devoir s'identifie, pour une grande part, avec celui de promouvoir la Science et de l'utiliser de plus en plus, il s'identifie aussi, pour une part non moindre, avec le devoir religieux, puisque la

(1) Voir *Le Mysticisme catholique et l'Ame de Dante*, Paris Bloud, 1906.
(2) Voir *La Psychophysiologie des états mystiques*, dans l'*Année psychologique*, 1911 ; *La Mentalité hystérique*, dans le *Journal de Psychologie*, 1911 ; *La vanité de l'expérience religieuse*, dans les *Archives de Psychologie*, 1910.

Volonté divine est sans aucun doute que nous accomplissions de notre mieux, avant tout, nos obligations humaines et naturelles. Si cette manière d'envisager la moralité nous paraît manquer d'élégance, c'est que nous manquons de sérieux, sa beauté nous apparaîtra mieux quand nous serons plus dignes de la percevoir.

www.ingramcontent.com/pod-product-compliance
Lightning Source LLC
LaVergne TN
LVHW050600090426
835512LV00008B/1269